中西语言文化差异下的翻译探究

杨芙蓉◎著

中国水利水电出版社
www.waterpub.com.cn
·北京·

内 容 提 要

本书既对语言、文化以及翻译的基本理论问题进行了深入探讨，又从多个层面对中西语言文化的差异进行分析，实现了理论与实践的有机结合。本书主要内容包括：文化翻译、中西思维模式差异、中西语言词汇文化与句法文化、中西语言语篇、修辞文化、习俗文化、地域文化差异下的翻译等。

本书深入浅出、结构合理、译例丰富，既有利于帮助读者加强理论修养，又能为翻译实践提供有效指导，定能成为读者的良师益友。

图书在版编目（CIP）数据

中西语言文化差异下的翻译探究 / 杨芙蓉著. -- 北京：中国水利水电出版社，2017.6（2022.9重印）
ISBN 978-7-5170-5591-4

Ⅰ. ①中… Ⅱ. ①杨… Ⅲ. ①翻译－研究 Ⅳ. ①H059

中国版本图书馆CIP数据核字(2017)第168498号

书　　名	中西语言文化差异下的翻译探究 ZHONGXI YUYAN WENHUA CHAYI XIA DE FANYI TANJIU
作　　者	杨芙蓉　著
出版发行	中国水利水电出版社 （北京市海淀区玉渊潭南路 1 号 D 座 100038） 网址：www.waterpub.com.cn E-mail：sales@waterpub.com.cn 电话：(010)68367658(营销中心)
经　　售	北京科水图书销售中心(零售) 电话：(010)88383994、63202643、68545874 全国各地新华书店和相关出版物销售网点
排　　版	北京亚吉飞数码科技有限公司
印　　刷	天津光之彩印刷有限公司
规　　格	170mm×240mm　16 开本　16 印张　207 千字
版　　次	2017 年 11 月第 1 版　2022 年 9 月第 2 次印刷
印　　数	2001—3001 册
定　　价	72.00 元

前　言

近年来，经济全球化的发展已成为一种不可逆转的趋势，国家与国家、地区与地区之间的合作领域不断扩大，且沟通层次也逐渐向纵深发展。在这样的时代背景下，每个参与国际交流的人都会不可避免地感受到中西语言文化差异所带来的冲击。

语言与文化之间具有千丝万缕的联系，而翻译是不同语言之间的桥梁与纽带，因此翻译必然要受到语言与文化的影响。要想更好地参与国际沟通与合作，从而在参与国际事务的过程中实现预定目标，就必须从文化差异的角度对翻译进行探究。因此，作者将多年工作经验与心得进行总结，精心撰写了《中西语言文化差异下的翻译探究》一书。

全书共分九章。第一章首先对语言、文化、翻译等进行简述，然后依次探讨了语言与文化的关系、翻译与文化的关系以及翻译的文化倾向等问题。第二章从文化翻译的概念、误区、策略以及译者的跨文化素养等层面对文化翻译进行了探讨。思维模式对翻译的影响是不言而喻的，因此第三章对整体思维与个体思维、形象思维与抽象思维以及直觉经验性思维与逻辑实证性思维等中西思维模式差异进行了分析。第四章探讨了中西语言词汇文化差异下的翻译，主要涉及人名、地名、数字、颜色词、自然词等层面。除词汇文化外，中西语言在句法文化方面的差异也是十分明显的，因此第五章首先对主位显著和主题显著的差异以及关联照应差异展开分析，然后在此基础上围绕中西语言句法翻译策略展开讨论。第六章与第七章分别围绕语篇文化与修辞文化进行讨论，首先对文化差异进行分析，然后探讨相应的翻译策略。习俗文化与地域文化是翻译中的重要内容，本书第八章与第九章对此进行了专门讨论。具体来说，第八章探讨了服饰文化、饮食文化、禁忌文化、节日文化、婚俗文化、丧葬文化等习俗文化，第九章探讨了方位文化、山水文化、动植物文化、建筑文化等地域文化。

理论与实践相结合是本书的最大亮点。具体来说，本书既对语言、文化以及翻译的基本理论问题进行了深入探讨，又从思维模式、词汇文化、句法文化、语篇文化、修辞文化、习俗文化、地域文化等层面对中西语言文化的差异进行了分析，并在此基础上阐述了相应的翻译策略，既有利于帮助读者加强理论修养，又能为翻译实践提供有效指导。此外，本书深入浅出、结构合理、译例丰富，定能成为读者的良师益友。

在本书的撰写过程中，作者参阅了大量相关文献，借鉴了许多专家、学者的意见，在此谨向他们表示由衷的感谢。由于作者学识有限，错误与疏漏之处在所难免，恳请广大读者批评指正。

作　者

2017 年 5 月

目 录

第一章 概 述

对比是人类认识和研究事物的一种最为有效的方法。我国著名的语言学家吕叔湘认为,“对中国学生最有用的就是让他们认识英汉两种语言的差别,用对比的方式来注意二者的异同。”也就是说,要想真正了解一门语言,就必须了解这门语言的特定的文化背景。这是因为,语言是文化的载体,文化对语言的发展有制约作用。而翻译具有跨语言、跨文化的双重功能,即翻译与语言、文化有着密切的关系。本章作为开篇第一章,首先对语言、文化、翻译的相关内容及彼此之间的关系进行分析和探讨,从而保证能够更好地分析中西语言文化的差异,并恰当地开展文化翻译工作。

第一节 语言、文化、翻译简述

语言与文化密切相关,而翻译是两种语言之间的转换,因此语言、文化、翻译之间有着必然的联系。本节首先对这三者的相关知识进行简述,为下面内容的展开做铺垫。

一、语言

语言是人类生活不可或缺的重要组成部分。虽然其地位非常重要,但是人们对语言却知之甚少。为了能够更好地了解语言,使其更好地为人类服务,人们就有必要对语言有一个全方位的把握。

(一)什么是语言

语言是什么?这是语言研究学界探讨的首要问题。这是因为,所有与语言相关的问题,如语言的功能、语言的特点、语言研究的范围与目标、语言研究的方法和途径等,都需要在语言是什么这一根本问题上进行。对于语言的界定,国内外学者有不同的观点。

列宁(Lenin,1916)指出,“语言是人们最重要的交际工具。”①

斯大林(Stalin,1953)指出,“语言是人们用于交际、交流思想的工具和手段,从而使人与人之间达到相互了解的地步。”②

缪勒(Muller,1861)指出,“动物与人类的最大区别和障碍就在于语言上,人类会说话,而动物至今都没有说过话。”③

施莱赫尔(Schleicher,1863)指出,“语言是不受人类意志支配的天然有机体,是根据一定的规律自发形成的,并且会随着时间的推移变老或死亡。”④

惠特尼(Whitney,1875)指出,“语言是人类独有的,是文化的重要组成部分,是获得的能力。语言与其他表达手段的重要区别就是语言需要交际这一直接动因,且交际是语言史上起决定作用的因素。”⑤

刘易斯(Lewis,1936)指出,“语言是一种活动方式,也可能是人们最为重要的一种行为方式。”⑥

本福尼斯特(Benveniste,1966)指出,“语言是一个系统,其重大意义在于作为某种类型的成分,其意义与功能往往是由结构赋

---

① 列宁.论民族自决权[M].北京:人民出版社,1916:822.

② 斯大林.马克思主义与语言学问题[M].北京:人民出版社,1953:20.

③ Muller,Friendrich Max. Lectures on the Science of Language[A]. *The Origin of Language*[C]. Roy Harris. Bristol:Thoemmes Press,1861:14.

④ Schleicher,A. *Die Darwinische Theorie und die Sprachwissenschaft*[M]. London:Hotten,1863:20—21.

⑤ Whitney,W. D. Nature and Origin of Language[A]. *The Origin of Language*[C]. Bristol:Thoemmes Press,1875:291.

⑥ Lewis,M. M. *Infant Speech:a Study of the Beginnings of Language*[M]. London:Kegan Paul,1936:5.

予的。之所以交际可以无限制地进行，就是因为语言是按照编码规则有系统地组织起来的。发话人先组成个别的符号，进而组成成组的符号，最后形成无限的话语，而听话人对发话人的话进行辨别，因为发话人身上也存在着同样的系统。"①

鲍林杰与赛尔斯(Bolinger & Sears，1981)指出，"人类语言往往与交际者的经历相关，并运用任意性的声音构成约定俗成的符号，按照固定的规则组装起来的一个交际系统，这一交际系统由听说两方构成。"②

除了国外学者，国内很多学者也从多个层面对语言进行了界定。

赵元任(1968)指出，"语言是由发音器官发出的，是成系统的一种行为方式，是人与人互通信息的工具。"③

许国璋(1986)指出，"语言是人类特有的一种符号系统，当其作用于人与人时，语言是表达人与人相互反应的中介；当其作用于人与客观世界时，语言是人类认知客观事物的工具；当其作用于文化时，语言是文化信息的容器和载体。"④

王力(1943)指出，"语言是人们表达情感与思想的工具……人类普遍的语言是用口说的，即口语，口语是狭义的语言。但是口语虽然便利，但很难维持久远，因此就创造出文字来代替口语。文字也就成为了语言的一种。"⑤

高名凯、石安石(1963)指出，"根据语言本身的结构来说，语言是由词汇与语法构成的一个系统，这一系统中的每一个成分都是由声音与意义组成。根据语言的基本职能来说，语言首先是交际的工具，其次是思维的工具。"⑥

---

① Benveniste，Emile. *Problems in General Linguistics*[M]. Coral Gables：University of Miami Press，1966：21.

② Bolinger，Dwight & Donald A. Sears. *Aspects of Language*[M]. New York：Harcourt Bruce Jovanovich Inc.，1981：1－2.

③ 赵元任. 语言问题[M]. 台北：台湾商务印书馆，1968：2.

④ 许国璋. 语言的定义、功能、起源[J]. 外语教学与研究，1986，(2)：15.

⑤ 王力. 中国现代语法[M]. 上海：上海教育出版社，1943：21.

⑥ 高名凯，石安石. 语言学概论[M]. 上海：中华书局，1963：16－17.

王希杰(1983)指出,“语言是一种社会现象,其与其他社会现象有着明显的区别,具体体现在:语言是作为人们交流思想、交际的工具来为人们服务的;语言是作为人们的思维工具来为人们服务的。”①

徐通锵(1997)指出,“从语言的性质来说,语言是现实的编码体系;从语言的功能来说,语言是人们交际、交流的工具,而交际的实质就是对现实的认知。”②

从上述国内外学者的界定中不难发现,虽然说法不同,在层面上也各有出入,但是有一点是明确的:所有的学者都承认语言是人类特有的,是人类区别于动物的根本特征。笔者认为,可以对语言简单地定义为:语言是人们进行言语交际的形式,是一种口头与文字相结合的交际工具,是人类认知世界及进行表述的过程与方式。

(二)语言的特征

语言的本质特征主要包括任意性、二重性、创造性、移位性、文化传承性。

1. 任意性

语言的任意性指的是语言符号的形式与意义二者之间不存在自然的联系。例如,为什么 a pen(一支钢笔)读作/a pen/;a book(一本书)读作/a buk/? 但是,语言的任意性具有不同的层次,主要有以下体现。

(1)语素音义关系的任意性。通常,人们会认为,程度各异的象征词并不属于任意关系。象声词主要是通过模仿自然的声响而形成的词。例如,汉语中的象声词,如“轰隆”“叮咚”等仿佛建立在天然的基础之上。但需要注意的是,不同语言在对同一种声

① 王希杰.语言是什么?[M].上海:上海教育出版社,1983:116-117.

② 徐通锵.语言论——语义型语言的结构原理和研究方法[M].长春:东北师范大学出版社,1997:21.

音进行描写时使用的是不同的词,汉语中狗叫是“汪汪汪”,英语中则用 bow wow。由此不难看出,人们其实对象声现象存在一定的误解。任意与象声是可以同时发生的。

(2)句法层次的任意性。系统功能语言学家与美国功能语言学家都认为,语言在句法上是任意的。句法是根据语法构成句子的规则。句子成分是依据一定的规则而排列的,分句的前后次序和事件真实顺序在某种程度上存在对应关系。换言之,句子的任意程度比词语的任意程度低。

不难看出,语言符号的形式与意义之间的关系是约定俗成的。这里有必要介绍任意性的反面——相对任意性的约定性。英语学习者往往会被告知“这是惯用法”,即这是一种约定俗成的说法,即使你感觉它在某些方面看起来或听起来不合乎逻辑,却不能进行任何改动。任意性的特征使语言更具创造力,约定性则使语言的学习变得困难、复杂。与任意性相比,外语学习者应更加注意语言的约定性。

2.二重性

二重性指的是拥有两层结构层次这一特征,上层结构的单位由底层结构的元素构成,同时每一层结构也有各自的构成原则(Lyons, 1982)。

语言包含两个层面或称“两组结构”。语音是话语的组成元素。语言并不传达意义,其唯一作用在于相互组合在一起构成具有意义的单位。语音是底层单位,与意义明确、独立的上层单位相对立。上层单位在更高的层面可以通过组合、再组合而形成无数句子。语言的双层性使其使用者可以谈论他们所熟悉的任何事物。二重性只存在于既有元素,又有由元素构成单位的系统中。

在谈论语言的二重性时,有必要注意到语言的层次性。例如,当我们在听一门完全不懂的外语的时候,往往会觉得讲话者是在使用持续的语流在讲话。其实,没有哪一种语言是没有间隙的。在传达分离的意思时，首先应找到相应的分离的单位，只有这样才能对一门新的语言进行解码。音段或音节单位位于最底层，是由一个个无意义语音构成的音段。在话语中，音节是最小的单位。不同音节组成起来可以形成若干语义段，即词的组成部分，被称为“语素”。

正是由于语言具有二重性这一特征，人类语言才具有巨大的能创性。只使用为数不多的几个元素就可以创造出各种不同的单位，如一套语音系统（如英语的 48 个语音）能产生大量的词，词又能生成无数句子，句子又能组成无以计数的语篇。

3. 创造性

创造性也是语言的一个主要特征。所谓创造性，是指“语言的二重性和递归性使语言变得具有无限变化的潜力”。[①]

人们借助语言可以表达新的意义。很多例子都已证明，词语使用新的方法可产生新的意思，同时也可以被首次遇到这一用法的人所理解。

从另一个角度来讲，只有人类的语言具有能产性。尽管一些动物有其特殊的交际系统，其使用者通过交际系统来发送或接收数量有限的信息，但这些信息并不具有创造性。

如果把语言看作一个交际系统，语言就不为人类所特有。一些生物，如蚂蚁、蜘蛛等可以采用特殊的方式达到交流的目的，只是其所传递的信息有限。

语言的创造性部分源自其二重性。由于语言具有二重性，讲话者可以通过对基本的语言单位进行组合，从而创造出各种各样的句子。这些句子中的大部分是讲话者之前没有听过或说过的。从另一个层面来看，语言之所以具有创造性，是因为语言有产生无限长的句子的潜力。语言的递归性是这种可能性的理论依据。

① 廖美珍. 语言学教程(修订版)精读精解[M]. 成都：西南交通大学出版社，2009：6.

4. 移位性

语言还具有移位性。所谓移位性，是指“语言使用者可以用语言来表达不在交际现场（时间和空间上）的物体、事件及概念”。[①] 孔子已去世两千五百多年，但是由于语言具有移位性，我们现在依然可以提及他。人类的语言使我们可以谈论已经不存在的事物，也可以谈论还没有出现的事物。

移位性赋予人们的概括能力、抽象能力给人类提供了极大的好处。人们常用词语来指代一些当前语境中尚未存在的实体事物。如果我们谈论遥远的事物，我们就可以理解一些非实物抽象的概念，如“美丽”“真理”等。总而言之，移位性可以使人类利用抽象的概念进行交谈、思考。

5. 文化传承性

语言是通过文化进行传承的，因此语言具有文化传承性。例如，说英语的人与说汉语的人都可以使用某一种语言，但是由于文化差异，他们不能理解话语的意思。从这一点来看，语言的传承与文化具有密切的联系。人类从一出生就具有习得语言的能力，但他们只有通过不断地学习与传授才能掌握语言系统的细节，并非依靠本能或遗传而传承下来的。

二、文化

在人类社会中，文化是一种特有的现象，是人们所觉、所思、所言、所为的总和。文化行为并不是随心所欲的，它会受到社会各个要素的制约。

（一）什么是文化

“文化”这一概念具有十分丰富的含义，关于“文化”的定义也

① 廖美珍. 语言学教程（修订版）精读精解[M]. 成都：西南交通大学出版社，2009：7.

是众说纷纭。

在西方语言中,“文化”一词源于拉丁文 cultus,原意是“耕作”,后来引申为居住、动植物培育等。英语、法语的语言中的 culture(文化)一词也有“栽培、种植”的意思。后来,它又被引申为对人性情的陶冶和品德的培养。由此来看,西方的“文化”一词更注重人类的物质生活,后来才开始涉及精神与人文的意义。

17 世纪,德国法学家普芬多夫首次将文化作为独立的概念提出来,并对文化进行了明确界定。他指出,“文化是人的活动所创造的东西和依赖人和社会而存在的东西的总和。”①

英国人类学家爱德华·泰勒(Edward Tylor,1871)在 1871 年出版的 *Primitive Culture*(《原始文化》)一书中提到:“所谓文化和文明,乃是包括知识、信念、艺术、伦理、法律、习俗以及作为社会成员的个人而获得的其他任何能力、习惯在内的一种综合体。”②

美国的文化学家与人类学家克罗伯与克拉克洪(Kroeber & Kluckhohn)提出了一个关于文化的综合定义,即“文化是包括各种外显或内隐的行为模式,它通过符号的运用使人们获取和传递,文化代表了人类群体的显著成就,尤其是价值观念,文化体系虽可被认为是人类活动的产物,但也可被视为限制人类做进一步活动的因素”。③

关于 Culture 一词的定义,*The New World Encyclopedia*(1974)提供的释义是:“Culture is the totality of the spiritual, intellectual, and artistic attitudes shared by a group, including its tradition, habits, social customs, morals, laws, and social relations. Sociologically, every society, on every level, has its culture.”(文化是一定群体所共享的精神、知识、艺术观点的总和,包括传统、习惯、社会规范、道德伦理、法律秩序、社会关系等。从社

① 王祥云.中西方传统文化比较[M].郑州:河南人民出版社,2006:2.

② 白玉德.中国传统文化新编[M].武汉:华中理工大学出版社,1996:2.

③ 卢红梅.华夏文化与汉英翻译(第二部)[M].武汉:武汉大学出版社,2008:3.

会学的意义上说，任何社会和阶层都有属于自己的文化。)①

《牛津简明词典》将文化定义为“艺术或其他人类共同智慧的结晶”。

《苏联大百科全书》对文化的概念进行了广义与狭义的区分，广义文化是指社会和人在历史上一定的发展水平，它表现为人们进行生活和活动的种种类型和形式，以及人们所创造的物质和精神财富；狭义文化指的是人们的精神生活领域。②

在我国，“文”与“化”两字结合起来使用最早见于《周易・贲卦》：“观乎天文、以察时变；观乎人文，以化成天下。”其中，“天文”是指自然天体的构成及其规律；而“人文”则指人类社会的构成及其规律，包括文明礼仪、人伦道德在内。③“人文”与“化成天下”结合使用，可以体现“文化”一词的基本含义：通过人伦教化使人们自觉行动。

“文”与“化”合并为一个整词是在西汉之后。西汉刘向《说苑・指武》中记载：“圣人之治天下也，先文德而后武力，凡武之兴，为不服也，文化不改，然后加诛。”这里的“文化”与“武力”是两种截然不同的教化方式。

由此可见，中国古代关于“文化”概念的界定主要属于精神范畴。

我国《辞海》对文化进行了如下界定：“文化从广义上说，指人类社会历史实践过程中所创造的物质财富和精神财富的总和。从狭义上来说，指社会的意识形态，以及与之相适应的制度和组织机构。”④

我国著名的学者季羡林认为，给文化下一个准确的定义十分困难。根据他的观点，凡是在物质方面和精神方面对人民有好处的东西就叫作“文化”。

---

① 李建军.文化翻译论[M].上海：复旦大学出版社，2010：6.

② 王祥云.中西方传统文化比较[M].郑州：河南人民出版社，2006：2.

③ 转引自黄勇.英汉语言文化比较[M].西安：西北工业大学出版社，2007：4.

④ 转引自白靖宇.文化与翻译(修订版)[M].北京：中国社会科学出版社，2010：3.

根据上述论述不难发现，关于文化的定义因角度不同而不同。通常而言，可以从狭义与广义来对“文化”加以理解。狭义的理解仅指精神文化，如社会的意识形态、风俗习惯、语用规范以及与之相适应的社会制度和社会组织；广义的“文化”既包括精神文化，也包括物质文化。

（二）文化的特征

文化具有自身的特点，总结起来主要有共同性、民族性、传承性、时代性、系统性等。

1. 共同性

文化具有人类共同性，文化是全人类所共同创造的，又为全人类所享有、继承。物质文化具有明显的人类共同性，物质文化通过物质实体体现人类对自然界的利用、改造。

不同社会环境中所形成的制度文化、心态文化、行为文化等相互之间可以借鉴，体现了文化的共同性。例如，一些社会公德、行为规范，如维护公共卫生、净化生存环境等；优秀的文学艺术作品，如曹雪芹的《红楼梦》、莎士比亚的作品等受到东西方人们的喜爱；科学技术发明、科技产品等已被全人类所共有。

2. 民族性

文化首先是民族的，其次才是人类的。无论是从文化的产生还是从文化的存在来讲，文化都具有鲜明的民族特色。人类文化由各民族的文化共同组合而成。从不同民族的角度出发，对文化加以解析，文化就会体现出民族特色。民族是一种社会共同体，社会越古老，这一社会文化中的民族特点就会越突出。每个民族都有其自身的文化，如新疆维吾尔族能歌善舞、蒙古族善骑马射箭等。

3. 传承性

文化被社会成员普遍认可且共有，人们所拥有的文化都是经过后天学习而形成的，并非先天就有的。

文化是代代传承下来的。正是由于文化具有传承性，文化才具有可积累性。在没有文字时期，人们往往借助口头表达将自己的信念、知识、经验等传承给下一代；有了文字之后，文化主要以文字为载体进行传承。文化的传承性使任何一个时代的文化中都蕴含历史的积淀。

4.时代性

文化具有时代性特征。文化可以动态地将人类的社会生活以及价值观的变化过程呈现出来。文化的演进其实是一个不断“扬弃”的过程，文化是在对既有文化进行批评与继承的基础上得以发展的。在特定历史时期是先进的文化，在后来的历史时期可能变为落后的文化，且被更先进的文化替代。

从整体上来看，文化是随着时代的前进而逐渐进步的。但是，在某一历史阶段上，也可能发生文化“倒退”。例如，欧洲黑暗的中世纪对文化的专制，我国明清时期“文字狱”对文化的禁锢等都是“文化”倒退现象，实际上这仅是文化发展过程中的暂时现象，文化随时代发展而不断进步的趋势不会改变。

5.系统性

一种文化就是一个自成体系的文化系统。文化系统包含物质文化、制度文化、心理文化三个层次，三者相互联系，相互作用。文化是由各要素构成的统一体，其中一个要素的改变必然会对其他要素带来影响。例如，人们对物质生活的价值取向一旦发生变化，其精神追求、职业道德、家庭规模等都会受到相应的影响。这就是为什么当年美国的人权运动会对整个社会产生巨大的反响，从而使种族或性别歧视行为、教育机遇、职业机遇、住房模式、法律制度等各个方面都有变动，从而使美国人的价值取向、行为方式等都发生了改变。

三、翻译

由于历史发展、生活地域各异，人们使用的语言也是千差万别，语言差异使语言不同的人们交流成了障碍，这时候就需要翻译的加入。翻译是人们进行语言与文化沟通的桥梁，对翻译相关知识的掌握和理解，有助于译者更好地进行翻译，更好地传播本国文化与他国文化。

（一）什么是翻译

关于什么是翻译，不同的学者有不同的观点。

美国著名的翻译理论家纽马克（Newmark）在对翻译进行界定时运用了比喻手法。他指出，“许多翻译往往是两种方案间的妥协。翻译这一活动往往是在变戏法，是一种靠运气、走钢丝的活动。因此，无论是对译者、翻译批评者，还是对读者而言，只要时间充裕，他们必然会对已经翻译出来的成品进行改变和提出自己的看法。”①

美国著名的翻译理论家尤金·奈达（Eugene Nida）这样定义翻译，他认为，“翻译就是运用最贴近、最自然的等值体来复制源语信息的过程，在复制的过程中，语义居于第一位，而文体居于第二位。”②

18 世纪著名的学者、作家约翰逊（Samual Johnson）指出，“翻译就是在尽量保存原意的基础上将一种语言转换成另一种语言。”③

根据我国著名教授陈宏薇等人（2004）对翻译的界定，“翻译是将一种语言文化中所承载的意义用另一种语言中转换出来的交际活动，这一活动是跨语言、跨文化的。”④

---

① 转引自李清华. 医学英语实用翻译教程[M]. 上海：上海世界图书出版公司，2012：6－7.

② 转引自高华丽. 翻译教学研究：理论与实践[M]. 杭州：浙江大学出版社，2008：4.

③ 转引自李建军. 新编英汉翻译[M]. 上海：东华大学出版社，2004：4.

④ 陈宏薇，李亚丹. 新编汉英翻译教程[M]. 上海：上海外语教育出版社，2004：1.

著名博士生导师张今教授(1997)也指出,“翻译是两种语言所在的社会之间的交际工具和过程,其目的是为了促进本语言社会的进步,包含政治进步、经济进步、文化进步等,其任务是将源语中显示的艺术印象或逻辑影像完好无损地转移到另外一种语言中去。”[①]

综合以上多种定义,笔者认为翻译是在一定目的的指导下,在目标语文化框架内将源语信息转化成译语信息的过程,从而实现特定交际目的的跨文化交际活动。但不得不说的是,要想完全再现源语信息是不可能的,因此这样的翻译其实只是实现了部分翻译。

(二)翻译的特征

翻译作为跨文化交际不可缺少的一部分,具有社会性、文化性、创造性、符号转换性等特点。

1. 社会性

翻译活动具有社会性的特征。这主要体现在翻译对社会交流与发展有着巨大的推动作用。这种推动作用主要体现在以下三个层面。

(1)对交际性的影响。翻译对社会的推动作用首先体现在交际性上。翻译开启人们的心灵,打开思想的境界,而交流是人们能够理解的基础,理解则是人们从狭窄走向宽阔的原动力。著名学者邹振环认为,中国古代的译作虽然不能主宰国家的命运,但是其影响也是令人振聋发聩的,对社会文化的发展起到了极大的效应,尤其是在精神和理智层面。[②] 当然,这种影响有积极、消极之分,也有正面、负面之分,还有可能是回返的或者是超越的。

(2)对民族精神和国人思维的影响。严复翻译的《天演论》就是如此,因为严复选择原书的谨慎,他认为西方国家的强盛就在

---

① 张今.文学翻译原理[M].开封:河南大学出版社,1997:8.

② 转引自武锐.翻译理论探索[M].南京:东南大学出版社,2010:11.

于学术上，这也是中国自强的需要，因此他选择的书都是精心研究过的，并依据时局的需要进行翻译。在这种精神的推动下，《天演论》成了维新变法的武器，使一些爱国青年投身到革命中去。

(3)对社会重大政治活动及变革实践的直接影响作用。这可以从易卜生的《玩偶之家》这部书中明显体会到，因为这部书中明确了翻译使中国妇女得到了解放，中国社会也发生了翻天覆地的变化。

2. 文化性

翻译对世界文明的发展有着特殊的作用。而社会的发展与文化是密不可分的，因此在上述探讨翻译社会性的时候其实也渗透着翻译的文化性特征。

季羡林(1997)认为，“只要语言文字不同，不管是在一个国家、一个民族，还是在众多的国家或民族间，翻译都是必要的。否则思想就无法进行沟通，文化也无法进行交流，人类社会也就无法向前迈进。”[①]

雅各布逊(Jakobson)也指出，“一个民族的文化是在不断创造和积累的过程。而翻译从某种意义上来说则是对这些文化的积累和创新。”[②]

从上述两位学者的观点中不难发现，翻译离不开民族的交往，当然也离不开民族的文化。

3. 创造性

翻译的创造性实际上打破了传统的理论，即将翻译仅仅作为纯粹的语言转换。从翻译的社会、文化、语言的价值上，可以明显地分析出翻译具有创造性价值。从社会角度来说，任何社会活动都是以交流作为基点，交流有助于思想的开放，而思想的开放即是创造的基础；从文化角度上来说，翻译中导入文化因素，实际上

① 季羡林，许钧. 翻译之为用大矣哉[J]. 译林，1998，(4)：210.

② 转引自武锐. 翻译理论探索[M]. 南京：东南大学出版社，2010：13.

是将目的语文化加以激活，这也具有创造性的价值；从语言角度上来说，为了能够将新事物、新观念、新思路导入翻译中，就离不开创造。

郭沫若认为，“好的翻译等于创作，甚至可以超过创作”。[①] 翻译工作是非常重要和艰苦的，它不是一件平庸的事情。创作需要具备充足的生活体验，而翻译却能够体验别人所体验不到的生活。翻译工作者在熟悉本国语言的基础上，还要精通外国语言，其难度甚至是可以超过创作的。因此，翻译是一种艺术，是一种创造性的艺术，非一般的工作。而郭沫若本人的译作恰恰证明了这一点，他的译文不仅是原作的精神和风格的体现，还是艺术再创造的产物。

从上述学者的观点中可以总结出，翻译具有创造性的特点。

4.符号转换性

翻译本身就是一种语言转换。这里所说的语言不仅是狭义上的语言，还包括雅各布逊的符号翻译。从雅各布逊的观点，可以将翻译定义为一种符号的转换活动。受语言学家索绪尔的影响，雅各布逊认为语言符号具有任意性[②]，因此应该从语言符号的角度看待翻译。他对罗素的语言观点提出了质疑。罗素认为，“人们的认知经验是理解词义的决定因素。”[③]但是雅各布逊批评了这一观点。他认为人们理解词义首先取决于对词的意义的理解，而并不是人们的生活经验。例如，要想知道 cheese（奶酪）的含义，并不需要自己亲自去吃，而只要知道 cheese 这个词语被赋予的意义即可。此外，雅各布逊对索绪尔的能指与所指之间的关系的论述也是表示赞同的。他也认为，意义与所指代的事物或者想象并没有太大的关系，而与符号有关，没有符号就没有意义。

---

① 转引自严明.大学英语翻译教学理论与实践[M].长春：吉林出版集团有限责任公司，2009：178.

② 转引自武锐.翻译理论探索[M].南京：东南大学出版社，2010：15.

③ Venuti，Lawrence. *The Translation Studies Reader*[M]. New York：Routledge，2000：113.

例如，谁也没有见过或者吃过“仙果”，但是我们却知道其意义，这就是因为符号的任意性。

在雅各布逊看来，寻求不同语言的对等不仅是语言的问题，更是语言学的问题。准确的翻译取决于信息的对等，而翻译中所涉及的对等是两种不同语符的对等。在语内翻译中，翻译就是用一种语符单位去替代另一种语符单位。因此，对于某个词的翻译来说，我们可以采取同义词翻译法或者迂回表示法。但值得注意的一点是，很多时候同义词并不是完全意义上的对等。在语际翻译中，符号与符号本身并不是完全对等的关系，但是人们可以用一种语言的语符来代替更大的单位——信息，而不是去代替单个的符号。换句话说，翻译的关注点不仅在符号与符号之间，更在于符号与符号组合之间。这样的对等才能使读者理解整个话语的意义。可见，翻译是由信息和价值两个部分组成，语言使用者不仅想要获知话语的信息，更重要的是获知话语发出的原因。由于两种语言符号系统之间存在着明显的差异，因此翻译要想达到源语和目的语的对等，就必须保证语符单位之间的动态对等。

在雅各布逊的理论中，可以分析出翻译的符号转换性。

第二节　语言与文化的关系

语言与文化相互依存、相互影响。语言是文化的载体，是文化传播的重要工具，而文化是语言发生的环境。因此，二者呈现出密不可分的关系。本节就对语言与文化的关系做具体阐释。

一、语言对文化的影响

从本质来讲，语言是文化的一种重要而独特的成分，是文化发展的重要产物。因此，语言实际上承担着文化的功能。其具体体现在如下两个层面：语言是文化的载体和交流工具；语言是文化的一种记录和反映。

(一)语言是文化的载体和交流工具

语言是社会文明进步的反映,并且对传承文化有着重要的作用。说语言是文化的载体,是与其他载体相比较来说的。这是因为,其他载体只能将文化的某个部分或者某几个部分展现出来,意味着只能展现出文化的某一个角落,但是语言可以将文化的整体信息清晰地展现在人们的面前。

语言往往包含三大要素,即语音、词汇、语法。一般来说,承担文化的任务往往是由词汇来担任的,尤其是词汇中的实词。也就是说,词汇是文化体系、文化内容变迁的基础。文化的信息主要凝聚到词汇之中。新词是语言对社会变迁表现得最为敏感的部分,它们是语言动态变化的凸显,是语言检测的一项重要内容。当今社会日益发展,很多新词蜂拥而出。根据历年教育部《中国语言生活状况报告》,我们可以发现很多新词语出现,如2006—2007年出现的"独二代""交强险""奔奔族""换客"等;2007—2008年出现的"和谐号""D字头""次贷""大小非"等;2008—2009年出现的"三聚氰胺""雷""山寨""堰塞湖"等;2009—2010年出现的"躲猫猫""蜗居""被""楼脆脆"等;2010—2011年出现的"低碳""洗虾粉""大蒜""微博"等;2011—2012年出现的"加名税""微电影""虎妈""云电视"等;2012—2013年出现的"中国梦""选举年""钓鱼岛""莫言热"等;2013—2014年出现的"雾霾""土豪""斯诺登"等;2014—2015年出现的"反腐""马航"等;2015—2016年出现的"互联网+""廉""反恐"等。

新词的出现反映了文化动态的一面,而一些已经逐渐融入人们的生活中,则反映了文化稳固、静态的一面。可见,语言是文化的载体与交流工具。

(二)语言是文化的一种记录和反映

语言是一种表达和记录的符号,它可以表达人们的思维、态度、认识、信念等。语言对文化的反映主要体现在如下几个层面。

(1)语言反映民族心理。之前已经提到,语言是文化的载体,当然也是一个民族文化的载体。因此,语言可以反映民族心理,其主要涉及价值观、伦理道德等层面。自古以来,中国人民对于亲属关系是非常看重的,如“嫂子”一词是为了表达对兄长妻子的尊重,往往很多时候将“长嫂”比作母亲。相比之下,英语中的 sister-in-law 其实与“嫂子”一词并不对等,因为英语中的 sister-in-law 有“嫂子”和“弟媳”两层含义,这足以看出英语国家是从法律角度看待亲属关系的民族心理。

(2)语言反映风俗习惯。风俗习惯是特定民族、特定群体在特定文化中共同创造和遵守的行为规范,是一种社会文化现象。其主要涉及风俗礼仪、信仰、婚姻传统、生活方式等层面。例如,中国人很注重面子,并且对自己在别人心目中的形象是非常在意的;英国人很注重穿着的场合和礼节;美国人并不注重面子、穿着、礼节等,他们注重的是能够直率地表达自己的看法和观点。

(3)语言反映生存环境。文化的形成往往会受到生存环境的影响,生存环境不同,地域文化也就会不同,在语言上的表现就会产生不同的表达方式,但是这些表达方式会逐渐固定下来。从宏观层面上来讲,生存环境主要涉及船舶、天气、海洋、气候、物产资源、动物、植物等。例如:

in the same boat 在同样的船上(比喻义为“处境相同,同舟共济”)

poor fish 可怜的鱼(比喻义为“可怜虫”)

any port in a storm 船舶遇到风暴时,一个港口的存在就可以避开危险(比喻义为“危机时任何可以解脱的办法”)

chip off the old block 大块里面出来的小块(比喻义为“酷似双亲”)

(4)语言反映宗教文化。在文化领域中,宗教是非常特殊的,它是文化价值体系的核心。从宗教层面上来说,不同的语言能够对所在文化的宗教观念进行表达,而且宗教不同,其表达的文化也不一样,是一个民族文化特点与背景的反映。例如,中国人信奉佛教,因此出现了很多相关的表达,如“放下屠刀,立地成佛”

“佛是金妆，人是衣妆”等。而欧美国家主要信奉基督教，也出现了很多相关的表达，如“Thank God!”“Good God!”“Great God!”等。

二、文化对语言的作用

从上述的论述中不难看出，语言对文化有着重大的影响，而反过来，文化对语言也有着重大作用。具体来说，主要体现在如下三个层面：文化是语言词汇象征意义的来源；文化是语言形成和发展的基础；文化是制约语言运用的决定性因素。

(一)文化是语言词汇象征意义的来源

之前已经提到，语言的基本结构就是词汇，每一个词汇都有其自身的独特概念。因此，一种语言中的词汇会是这个民族文化环境的反映。可以说，词汇对于人们对客观世界的认识有着重大意义。一般来说，词汇除了有概念意义之外，还有其自身的引申意义或者比喻意义。前者是客观事物特征的反映，而后者是其文化存在的象征。

各个民族的文化有其自身的特色，这就导致不同民族看待同一事物往往会有不同的认识。例如，中国的龙是威严、尊贵的象征，因此产生了“龙的传人”“龙凤呈祥”等比喻意义。但是在西方国家，与龙对应的 dragon 一词却有着相反的意思，他们认为 dragon 是邪恶的化身，是罪恶的来源。可见，不同文化导致了他们对同一事物的认知明显不同。

(二)文化是语言形成和发展的基础

如果没有文化的存在，语言也就无从谈起。著名人类学家、语言学家萨丕尔(Sapir)在他的《语言论》(*Language*，1985)一书中指出，语言是不能脱离文化而独自存在的，也不能脱离整个社会延续下来的观念和做法。[①] 如前所述，语言在很多层面上都可以体现出文化因素，如词汇、句法、篇章等。可以说，语言其实是文化的行为，正是文化的存在，语言才得以形成。

（三）文化是制约语言运用的决定性因素

语言的运用往往会受到很多因素的制约，而在这些制约因素中，文化起着决定性作用。众所周知，语境对语言的运用有重大影响，是语言生成和理解的先决条件，而文化就是语境的核心。文化的这一决定性作用可以减少语言中出现误解、冒犯或者无礼的情况。具体来讲，体现在两个层面：首先，语言会受到相同文化的影响。中国人虽然有着相同的汉语文化背景，但是往往也会对语言产生影响，即使语言存在差异。例如，“嫦娥”一词原名“恒娥”，为避汉文帝的名讳而做了更改。其次，语言会受到不同文化的影响。这可以从英汉两种语言的差异中明显体现出来。例如，中国人见面往往会问“你去哪里了？”这是一种简单的问候，也可以算作一种打招呼的方式，但是在西方人看来，这是过分关心对方的私事。

第三节　翻译与文化的关系

翻译与文化之间有着密切的关系。之前已经论述了语言与文化的关系，而翻译作为语言的一种形式，其必然与文化也密切相关。文化是翻译的基础，翻译体现并深入文化的内涵。因此，了解翻译与文化的关系有助于帮助译者更恰当、合理地进行翻译，并将文化有效地传递出去。本节就对翻译与文化的关系进行具体阐释。

---

① 况新华，曾剑平.语言与文化的关系述要[J].南昌航空工业学院学报，1999，(1)：63.

一、文化对翻译的影响

文化对翻译具有一定的影响，其主要体现在两个层面：翻译过程与翻译形式上。

（一）文化影响翻译过程

翻译不仅仅是文本与文本语言的转换，更是一种文化的传递。因此，翻译过程除了会受到语言因素的影响，还受到心理因素与社会因素的影响。也就是说，翻译什么样的作品，如何进行翻译，往往需要考虑该作品本身及译入语的文化背景及特定的文化环境。

从某种程度上说，不同的文化往往具有相似性，但是由于受价值观念、风俗习惯、地域环境等因素的影响，各种文化有着各自不同的寓意，这也是翻译的难点。翻译的过程往往包含对源语内容的理解、运用译入语语言进行表达、对翻译的文稿进行校改这三个过程。而对前面两个阶段进行比较，不难发现，虽然对源语的理解也是十分必要的，但是用译入语语言真实地传达出来才是最终的目的。例如，在对某一重要人物景点的介绍中，往往会夹杂着一些社会文化因素，如生活态度、个人习惯等。而译者的任务就是运用一种语言所存在的生活模式对另一种语言所存在的生活模式进行阐述。换句话说，就是要求译者通过分析源语文化及源语文化的意义，并运用另一种语言表达出来，从而实现良好的交流。但是，由于受自身文化取向以及其所存在的社会背景的影响，在翻译的过程中，译者会不自觉地将自身的文化主观性地带入到译入语文化中，这在一定程度上会造成译文存在局限性，并且会让译文打上译者自身文化的烙印。

（二）文化影响翻译形式

在翻译形式上，文化也起着十分重要的作用。具体来说，其主要体现在以下几个层面。

(1)在很大程度上,翻译形式会受民族心理是否开放的影响。如果民族的心理是比较开放的,那么其翻译活动是比较容易开展的,也容易吸收其他民族的文化,使本民族的文化得到发展;但是如果民族的心理是比较狭隘的、封闭的,那么其翻译活动就很难进行,对待其他民族的文化也是持有排斥态度的。

(2)文化是强势还是弱势也会影响翻译形式。这里所说的强势与弱势指的是该文化整体或者文化领域是强还是弱。例如,晚清时期的西学东渐就是西方来华的传教士表现出要拯救落后和衰败的中国晚清社会的思想,目的是想从文化和政治上进行西学的渗透。

(3)文化的需求程度也会对翻译形式产生影响。如果文化的需求程度比较高,那么其翻译活动就会更强、更加活跃;如果文化的需求程度比较低,那么其翻译活动就会显得更弱、更加单调。

(4)政治制度属于制度文化的一部分,这对翻译形式也会造成一定的影响。例如,在苏联时期,很多翻译家从事翻译,其目的主要是服务于苏联人民以及苏联的社会主义建设。

二、翻译对文化的影响

文化与翻译是相辅相成的关系。文化对翻译过程与翻译形式都有重要的影响,那么翻译对文化也有相应的反作用。

(一)翻译促进并丰富文化

作为文化传播的纽带,翻译对跨文化交流与发展有着重大作用,尤其是伴随着经济全球化的发展,各国间的交流日益紧密,这些交流都离不开翻译的参与和推动。

翻译的过程就是文化交流的过程,通过翻译不仅缩短了各个国家、各个民族之间的文化距离,还对彼此间的文化有不同程度的接受和认知,这反过来也必然会促进各个国家与民族之间的融合。用一句话概括就是,翻译的顺利开展有助于丰富和促进各个国家和民族的文化发展。

近些年，随着时代的不断发展，各个国家的交流日益深入和紧密，各种语言之间也在不断融合，英语与汉语之间的接触达到了空前的深度和广度，很多外来词也逐渐融入汉语文化中，如出门打的（Taxi），AA 制等。另外，外国的文学作品也逐渐被介绍到中国，尤其是小说的传入对中国的文学产生了深刻的影响，推动着中国古代文学的现代化。

（二）翻译是一项跨文化交际活动

如前所述，翻译是两种语言的转换过程，在转换的过程中，必然会牵涉两种语言所在的文化。从这一角度上来讲，翻译实际上也是一种跨文化交际活动。我国著名的学者王佐良曾就文化与翻译的关系问题指出，译者在翻译的过程中虽然是处理的个别词汇，但是实际上他所面对的却是两种文化。[①] 由此可知，翻译是一种跨文化交际活动。

第四节　翻译的文化倾向

翻译与文化之间密切相关，而进行文化翻译必然会受到主客观因素的影响，这些主客观因素在不断发展中转变成主客观倾向。下面就对翻译的文化倾向进行分析和研究。

一、翻译文化倾向的来源

随着翻译研究的不断深入和发展，翻译与文化的关系也越来越突出。翻译的文化性是从德意志民族的翻译历史开始的，尤其马丁·路德对《圣经》的翻译为我国翻译的进展开辟了道路。进入 1970 年之后，由于语言学派的影响逐渐减弱，翻译界开始向文化的方向转变。因此，对翻译进行文化性透析，对于研究外宣翻

---

① 白靖宇. 文化与翻译（修订版）[M]. 北京：中国社会科学出版社，2010：4.

译的文化性有重要意义。本节就通过翻译的发展历程来研究翻译的文化性问题。

从中西方的翻译历史中不难看出,中国历史上出现了三次翻译高潮,这三次翻译高潮是以东汉到宋代年间的佛经翻译作为开端的;西方出现了六次翻译高潮,这六次翻译高潮是以罗马对古希腊作品的翻译作为开端的。从这一点可以看出,翻译与文学典籍有着密切的关系。众所周知,文学典籍是一个民族、一个社会文化的见证和汇集。如果说翻译对语言有直接的作用,那么翻译与文化之间的关系就是间接的,但是这种间接的关系也是相互联系的。这是因为,语言本身就属于文化,因此翻译与文化的关系就显得更加紧密,那么对翻译进行研究,就不可能不涉及文化的内容。

对中西翻译的历史进行研究不难发现,翻译的文化性视角的开端在于德意志民族的翻译历史。而对这一民族的翻译历史进行研究,就不得不说到马丁·路德对《圣经》的翻译以及德国浪漫主义理论派的观点。其中马丁·路德对《圣经》的翻译可以说是基督教义的一种有记载性的创新改革,同时对德意志民族的语言与文化有着不可小觑的影响作用。

在马丁·路德进行宗教改革之前,基督教在欧洲已经占据重要的地位,社会大众无论是知识渊博还是知识贫乏;无论是地位高贵还是地位卑贱,他们都将基督教视为一种精神支柱,罗马教廷也拥有着至高无上的权力,作为基督教的一种文字记录材料,《圣经》只能通过一些神职人员运用口头的形式让大众知晓。但是久而久之,罗马教廷内部变得荒淫,并且极度地剥削广大民众,因此这就导致了马丁·路德更加坚定地进行宗教改革。他认为,神职人员对《圣经》的任意宣讲是出于维护统治,这种行为在一定程度上是对基督教的侮辱和对信众的欺骗。因此,他开始引导人们对《圣经》进行解读,并且指出人人在上帝面前都是平等的,个人可以通过宗教来得到拯救,不需要经过这些神职人员进行拯救或救赎。[①] 可以看出，马丁·路德的思想是让《圣经》融入平常百姓的生活，这是对罗马教廷统治的一种颠覆，也是与传统教廷的一种对立。但需要指出的是，在当时的社会条件下，德国并没有一个标准的、完整的、能够供所有阶层民众阅读的版本，这也是令马丁·路德头疼的问题。因此，他开始摸索《圣经》的翻译。但是这一工程并不简单，因为当时的德国的语言并不统一，各个地区都有自己的语言，因此马丁·路德在选词上往往会选择一些通俗易懂的词语，并且他通过与普通百姓交流，将一些地区的方言与圣经语言进行比较，选择了一些相对较为接近的词语，这一过程是非常漫长的，但是却成了德语统一的一个重要标志，也是德意志民族语言形成的一个象征。[②]

对于文化中的各要素而言，语言是其最活跃的成分，当然也最容易受到外界因素的影响。如前所述，马丁·路德运用最通俗的语言对《圣经》进行翻译，即将一些难懂的宗教术语改成通俗的、日常的用语或俗语，这样就使这些宗教教义更容易与各阶层民众的生活相接近，也最容易得到他们的认可。总之，马丁·路德的这种翻译方法便于《圣经》在民众中的推广和普及。也正是在这样的推广和普及下，语言中也逐渐纳入了新的内容，并得到了一定程度的发展。马丁·路德对《圣经》的翻译实际上代表了德意志人民的性格及其精神，也就是要遵循秩序、追求尽善尽美，而这些恰恰是德意志文化的标志。

从以上分析可以得出，在德国，翻译对译入语文化有着重要的影响。在马丁·路德理论的指导下，德国浪漫学派的思想家对翻译的研究也有其独特的观点。德国的浪漫主义文学是建立在对传统欧洲文学的整理，以及对本民族的挖掘上，在整理和挖掘的过程中是免不了翻译这一领域的。因此，很多浪漫主义学派的思想家也融入了对翻译的研究。若瓦利斯就是其中的一位代表，

---

① 林燕.马丁·路德的宗教改革对德意志民族特性的影响[J].山西师范大学学报(社会科学版),2003,(1):140-144.

② 侯素琴.马丁·路德与现代德语[J].上海理工大学学报(社会科学版),2006,(2):53-56.

他在给施莱格尔的信中这样说道:“我们应该使得翻译逐渐成为文化的一种扩充手段。”[①]两位学者对翻译的研究涉及了翻译的原则等方面的问题。并且,若瓦利斯还认为“对本民族文学的厚爱以及对美的追求才能使得翻译更具真实性。”[②]这一理论的提出为以后翻译理论家的研究提供了基础,即提出了翻译的标准。

进入20世纪之后,法国著名的翻译理论家乔治·穆南对我国的语言学研究产生了重要影响,也使语言翻译观在我国逐渐占据了统治地位。从20世纪初期到1970年左右,很多学者对语言进行了深入的研究和探讨,因为翻译活动的主体就是语言,并且在研究的基础上也产生了很多的译论,如奈达学派、洪堡学派等。但是这又造成了一个问题,即将翻译限定在语言的范畴之中,后期的发展就逐渐缓慢下来,很难在此基础上进行突破。

1980年后期,西方学术界兴起了文化研究和文学批评的思潮,即将文化纳入翻译研究的世界,并形成了很多的流派。其中,苏珊·巴斯奈特和安德雷·勒弗维尔就是其中的代表,他们合著的《翻译、历史与文化》一书中就明确了“翻译的文化转向”这一文体。从此,翻译研究进入了一个新的阶段,并逐渐拓展开来。

相比之前的将翻译局限在语言的角度,翻译的文化转向打破了文学、历史、政治等多因素的限制,并且对翻译的影响也更加深远。我国著名学者郭建中教授指出:“翻译并不是两种语言的真空转换,而是两种文化传统语境下的转换。译者的作用主要在于对特定时间的特定文化的翻译。而他们对自己及自己文化的理解是影响翻译的因素之一。”[③]因此,从文化视角研究翻译不仅为翻译提供了一个新视角,更重要的是将译者纳入了一个新的研究领域,而他们的研究对象也增加了对源语语言及译语文化的了解和把握。

“文化倾向”的出现打开了翻译研究的新维度、新视点,将传

---

① 张仁颖.论马丁·路德对德国文化的影响[J].德国研究,2002,(2):73－80.

② 转引自郑立敏.翻译的文化性透视[J].牡丹江大学学报,2014,(10):104.

③ 转引自郑立敏.翻译的文化性透视[J].牡丹江大学学报,2014,(10):104.

统语言与文学的界限也予以打破,将传统只关注作品转入关注影响翻译的因素上。加拿大著名的翻译学者西蒙也指出,“文化倾向”这一翻译视角的提出是令人兴奋的,它的出现意味着翻译研究增添了一个新的维度,也使人们意识到翻译不仅仅是语言的交流,更与其他交流方式有着重要的联系,这一联系将翻译看作写作实践,且贯穿于文化表现的各种张力之中。① 除此之外,从文化视角研究翻译还扩充了对翻译的性质、标准以及原则的研究。

总体上说,翻译的文化倾向对翻译学的发展有着极大的意义,但是进入 21 世纪,我们应该保持辩证的态度来正视这一问题,即其有利也有弊。

二、翻译文化倾向的内容

翻译的文化倾向不仅会对译文的质量产生影响,还会对文化交流和文化传播有重要意义。很多学者认为,在文化翻译中往往会存在以语义为中心与以文化为中心这两种情况,前一种倾向是强调语义适应性的异化倾向,后一种倾向是强调文化适应性的归化倾向。

(一)语义适应性的异化倾向

以语义为中心的翻译强调文化的字面属性,即侧重于通过字面含义来传达原汁原味的文化。简单来说,就是对源语语言表达形式进行保留。但是,在实际的翻译过程中,这种翻译不利于译文读者对原文的理解,也很容易让读者产生误解。例如,有人常将“龙的传人”直接译成 descendant of dragon。事实上,汉语中的“龙”与英语中的 dragon 在词义上似乎相对应,但是在文化内涵上却存在明显差异。汉语中的“龙”是“力量、权威、吉祥”等的象征,具有至高无上的感情色彩;英语中的 dragon 代表着一种邪恶的动物,对比之后很明显可以发现,将“龙的传人”译作 descend-

① 曾文雄.对翻译研究“文化转向”的反思[J].外语研究,2006,(3):45—80.

ant of dragon 是不妥的。因此,如果随意进行异化翻译,不仅不能准确传达源语文化内涵,还会给译文读者造成不好的影响。

(二)文化适应性的归化倾向

以文化为中心的翻译强调文化的内涵属性,侧重于通过字面转换来对文化内涵进行准确的表达。简单来说,就是主张突破源语的表达形式,将源语的文化精神准确、有效地传达出来。但是,跨文化翻译的这一倾向也存在一定的缺陷,即因为不能从字面上进行翻译,因此很容易让读者误解。例如,很多人可能会将"她的英语说得真好,就像外国人一样。"这句话按照字面意思译为"She speaks English so well as a foreigner. "从字面上来看,其翻译并无不妥,但是却与源语的意义相悖。对源语分析不难看出,句中的"外国人"指的是以英语为母语的人,所以将其译为"She speaks English so well as a native speaker. "更为恰当。

三、翻译文化倾向的主观因素

翻译的目的是将源语的语言文字信息和文化内涵传递给读者,因此翻译首先就需要让读者对原作的含义有一个清晰的理解。在翻译中,文化因素往往会成为翻译的一大障碍,这主要会受到翻译者主观倾向的影响。具体而言,包含如下五点,即译者的翻译观、译者的生活背景、译者的文化立场、译者对文化的理解以及译者的跨文化素养。由于最后一点会在第二章做重点探讨,这里就不再赘述。

(一)译者的翻译观

所谓译者的翻译观,是指译者从事翻译活动时产生的一种主观翻译倾向,这是文化翻译的前提和基础,对翻译目的的确立、翻译内容与方法的选择有着直接的影响。

在翻译实践中,译者到底是选择语义适应性的异化翻译,还是选择文化适应性的归化翻译,其实需要根据译者本身的立场决定。例如，在《圣经》中有这样一句成语 flowing with milk and honey，这句话是选择西方人比较熟知的“牛奶”和“蜂蜜”作为喻体来指代一个事物，翻译成中文的时候，有些译者直译成了“奶蜜之乡”，有些翻译者用意译的方式翻译成了“富饶之地”，有些则从转译的角度翻译成了“玉米之乡”，我们不能评判谁翻译得对与错，只能说这是根据不同译者的翻译观而定的。

（二）译者的生活背景

翻译实践活动是在不断发展变化的社会历史活动中进行的，每一部作品都是建立在特定的社会文化历史环境中的。因此，这样的翻译作品要求译者结合原著作者所处的历史阶段和时代背景，对原作进行深层次的重现和阐释。同样的一部作品在不同的时期进行翻译，其也会呈现不同的特色，而从翻译的文章中也可以看出译者所处时代的文化状况。例如：

It is a violation of human rights when women are denied the right to plan their own families and **that includes being forced to have abortions or being sterilized against their will.**

当妇女被剥夺规划自己家庭的权利时，这就是违反人权。

从上面的译文中我们可以发现，翻译者并没有把后边加黑的部分翻译出来。这篇文章是原作者批判中国的计划生育制度和堕胎政策，在西方国家，这些都被认为是违反人权的。但是翻译成中文的时候，一定需要考虑中国的政治背景，因此就会剔除一些与中国的政策不相符的言论。

另外，受时代环境、社会背景的影响和制约，译者的价值观、人生观也必然会受到影响。例如，在清末时期，以康有为、梁启超为代表的维新派主张学习西方先进的文化，翻译了不少有关西方的著作，目的是“师夷长技以制夷”，希望运用新的思想来教化国民。

（三）译者的文化立场

翻译的文化倾向还会受到译者的文化立场以及翻译的意图

的影响。并且，翻译的立场会对翻译的策略起到决定性作用。在源语与目的语之间，如果译者已经确定了自己的文化立场，那么他们就必然会按照自己认为的形式进行翻译。例如，中国处于半殖民地半封建社会时期，传统文化受到了严重的冲击，因此在多元系统理论的主导下，翻译大多倾向于异化形式。但是，由于人们的传统思想处于根深蒂固的地位，在中国人的心中并不愿意对文化间的差距予以承认，因此他们仍采用归化翻译策略进行翻译。可见，在同样的一个时期，由于立场不同，出现了两种不同的选择。

（四）译者对文化的理解

译者对于文化的理解程度主要包含以下两个方面。

(1)是否掌握原作的语言含义。

(2)是否理解原作文字之外的文化背景。

译者是翻译活动的主体，翻译者理解源语文化背景有助于整个翻译过程的顺利进行。正如英国著名语言学家莱昂斯(Lyons)所说，语言是这个特定文化社会的重要组成部分，每一种语言的差异都会反映这个社会的事物、习俗以及活动的特征。一般来说，译者在翻译一部文学作品之前，需要读懂所译作者的主要作品并研究其特点以及该作家的传记等。由于文学作品中的内容涵盖面极广，涉及文化、社会的方方面面。因此，一名合格的译者还应该尽可能多地掌握丰富的历史、地理、社会文化史、风俗习惯乃至音乐、美术等方面的知识，具有深厚的文化修养，具有广博的文化知识，否则在其翻译活动中就会出现败笔。

英国牛津大学教授霍克斯把中国古典名著《红楼梦》第十三回秦可卿向凤姐托梦的一句话“如今我们家赫赫扬扬，已将百载，一日倘或乐极生悲，若应了那句树倒猢狲散的俗话，岂不虚称了一世诗书旧族了?”对于这句话，霍克斯的英译如下：

Our house has now enjoyed nearly a century of dazzling success. Suppose one day joy at its height engenders sorrows. And suppose that, in the words of another proverb, "when the tree falls, the monkeys scatter." Will not our reputation as one of the great, cultured households of the age then turn into a hollow mockery?

宋淇这样说,霍克斯的翻译读起来十分舒畅,简直不像翻译,尤其把"诗书旧族"译为 great, cultured households;将"虚称"译为 a hollow mockery,都是非常妥帖的。这说明文化对翻译的重要性,事实上缺乏文化因素的译文等于没有灵活的翻译。因此,翻译者必须是一个真正意义上的文化人。

第二章 文化翻译

文化是语言的土壤，语言是文化的载体。翻译作为一种语言转换与信息传播的工具，必然与文化息息相关。翻译不仅是两种语言之间的转换，更是两种不同文化之间的信息交流。文化差异会对翻译产生一定的影响。译者只有掌握文化翻译的概念，了解文化翻译的误区，并采取有效的文化翻译策略，具有跨文化素养，才能做好文化翻译。本章就从这几个方面入手研究文化翻译。

第一节 文化翻译的概念

在对文化翻译进行界定时，不能简单地将其理解为翻译文化，虽然文化因素的处理是翻译理论和实践中一个非常重要的问题。从整体而言，民族文化是不能进行翻译的，也无须翻译。翻译的对象属于文字类的文化产品，是文化的一个组成部分。

在翻译研究中，文化翻译是一个全新的观念。如果说传统的翻译研究仅仅局限于文本之间的相互转换，探索且构建了多种不同的翻译模式，提出了很多翻译标准，研究对象属于“纯翻译”，那么文化翻译则以现实的翻译为研究对象，其并不是理想化的实践活动，它受主观与客观因素的影响，是在两种具体的文化之间进行的一种跨文化活动。①

在文化翻译过程中，如果对原作中所包含的文化信息进行解析，对其进行传译，那么传译过程中应注意哪些问题，则是翻译理论中需要解决的一个重要课题。

---

① 邹少先.文化翻译的基本概念和手法[J].科技资讯，2008，(1)：148.

如何有效地克服文化差异，同时确保原作的文化特色得以保留是翻译学中极具争议的问题之一，也是翻译实践中难以完成的一个任务。

第二节　文化翻译的误区

由于英汉语言具有不同的文化内涵，并且这两种语言之间的文化现象也不是完全对等的，甚至一种语言的文化现象在另一种语言中是不存在的。忽视这一文化差异，就可能使文化翻译进入误区，同时给目的语读者理解译文造成一定的障碍。因此，有必要对文化翻译的误区加以了解。

一、文化翻译误区的体现

文化翻译的误区主要体现在以下几个方面。

（一）注重原文字面含义，忽视文化内涵

上面已有提及，语言与文化之间有着密切的关系，语言是文化的反映，语言中包含着一定的文化信息，而不同民族的文化之间存在着差异，因此，字面意义相同的语言有时会产生不同的文化联想意义。由于在翻译的过程中，译者只注重原文的字面含义而忽视了文化内涵，就容易导致文化翻译进入误区。例如：

I have never felt such a wet blanket before or since.

（J. Galt：*Lawrie Todd*，*or the Settler in Woods*）

以前我从未用过这样的湿毯子。

本例中，wet blanket 源于苏格兰民间的一个典故，指的是“扫兴的人或事物”（a person or thing that keeps others from enjoying life）。可以看出，wet blanket 与“湿毯子”并没有关系，同样的词语却有不同的文化内涵。在翻译时，译文仅译出了字面含义，从而造成了文化翻译的误区。

三十六计,走为上。

Of the thirty-six plans the best is to get away at once.

本例中,译文传达了这样的信息:在 36 个计谋中,最好的是“走”。由于译者对这个典故的背景知识以及其文化内涵缺乏一定的了解,译文只是将字面意义翻译了出来,并没有传递出原文的真实内涵,甚至歪曲了原文的含义。

总之,在翻译的过程中,译者不能仅仅局限于原文的字面含义,还应注重对文化内涵的传递。例如:

五讲、四美、三热爱

原译:five stresses, four beauties and three loves

改译:five manners to promote, four virtues to advocate and three passions to strengthen

不难看出,原译通过回译将原文的意思理解为“五点强调,四大美人和三种爱”,这显然与原文的文化内涵是相背离的。这里应进行灵活的处理,将原文的实质性文化内涵传递出来,改译后的译文就达到了这一效果。

(二)忽视英汉语言文化空缺现象

任何一种文化的出现都是有一定的渊源的,不是随意产生的,而是与一定的地域、习俗、历史、价值观息息相关的。

随着时代的发展、历史的变迁,中西民族形成了独具特色的文化,在进行英汉翻译时,会发现源语与目标语在翻译中会出现不对等的情况,也就是在目标语中没有适当的词语与源语的文化相对应。如果译者不能意识到“文化空缺”的现象,只按照原文进行翻译,就会导致文化翻译进入误区。例如:

Mr. Kingsley and his Redbrick boys will have to look to their laurels.

金斯利先生和他那些红砖大学的学生们必须小心翼翼地保持已经取得的荣誉。

Redbrick 又称 Redbrick university,指英国 19 世纪以来所

建、大多位于伦敦以外城市的地方性大学，其地位远不及牛津大学和剑桥大学。因其建筑主要由红砖砌成，不像牛津、剑桥这两所老牌大学的建筑均由古色古香的巨石建成，故有此名。这一文化在中国是空缺的，中国读者对“红砖大学”的背景知识所知甚少，翻译时译者如果不对其做出相应的解释的话，译文就会将读者带入翻译误区，最终对文化造成错误的理解。

他在戏中扮演包公。

He played the role of Bao Gong in the opera.

包公由于为官刚正不阿、执法如山，成为中国家喻户晓的历史人物，但“包公”一词在英语文化中属于“空缺词汇”，没有具体的词汇与之对应，对此进行翻译时，若只将其名字音译为 Bao Gong，则会给英语读者带来很大的阅读障碍，根本无法理解包公这一正直的形象，从而导致文化翻译进入误区。

（三）忽视读者的认知能力与理解能力

读者通常是以其已有的认知联想为基础来理解作品的，如果超越了其认知翻译，就可能引发错误的联想。

翻译作为一项跨文化交流活动，应对读者的认知水平与接受能力予以关注。例如，Bungi 指的是一种用绳索系住的运动者从高空下跳的体育活动，这种活动具有很强的刺激性。该词在 1997 年首次出现于中国媒体引进的影片《伪装者》中，当时将其音译为“蹦极”。但是当时很少人知道“蹦极”，后来这一词语频繁出现在中国报纸上，人们查询相关资料之后，才知道这是一项冒险而充满刺激的体育活动。

在翻译过程中，译者应考虑读者的理解与接受能力，进行灵活地转换，将原文所包含的文化内涵信息传递出来。如果忽视读者的认知条件，就难以实现预期的翻译效果。例如：[①]

---

① 李建军. 文化翻译论[M]. 上海：复旦大学出版社，2010：54—55.

“因何不去会试?”范进方才说道,“先母见背,尊制丁忧。”

《儒林外史》

“Why did you not sit for a higher examination?”

“My mother has died,” Fan Chin explained, “and I am in mourning.”

(杨宪益、戴乃迭 译)

在中国古代,遭父母之丧称为“丁忧”。在古代,父母去世之后,子女要在家中守丧三年,期间不做官,不婚娶,不赴宴,不应考。上述译文在对这一文化信息进行理解的基础上,准确地传递了原文的含义。

二、突破文化翻译误区的方法

为了打破诸多翻译误区对文化翻译所带来的种种局限和阻碍,并进一步扭转我国文化输出劣势,可采取以下措施来突破文化翻译的误区。

(一)转变翻译理念,革新模式

进行文化翻译时,应遵循客观、平等的翻译理念,做到对强势文化不迁就,对弱势文化不忽视。除此之外,还应尽量摆脱单纯地进行文字翻译的困局,秉持客观、平等的理念传递我国的文化。同时,还要用兼具我国文化内涵的表达方式实现对我国文化精髓的弘扬。

(二)进一步完善翻译体制

截至目前,我国的翻译立法和翻译体制尚不完善。在我国翻译行业的业内,还存在翻译立法混乱的现象。但是,在国外如芬兰、美国以及奥地利等都为翻译制定了相关法律。澳大利亚、德国等在翻译资格认证和国家翻译标准规范方面也取得了很大的进步。

翻译立法以及健全的翻译体制是保证翻译领域健康发展的后盾和基石。因此,我国相关的政府部门应引进有效的翻译模式，向翻译发展态势良好的国家进行借鉴，以进一步充实我国翻译市场。

（三）进一步完善翻译行业协会

中国译协可借助自身资源优势及其职能特点，进一步推动翻译行业相关政策法规的制定与实施，对政府职能部门的管理“真空”进行有效填补。

除此之外，译协还可以加大同国际翻译界的交流与合作，借鉴国外翻译产业的先进管理经验。借助政府的扶持，对国内外翻译行业的资源进行有效的整合，集合行业优秀人才，做重点、难点课题的攻关，对古今中国优秀文化作品系统地、规模化地进行翻译研究。

（四）注重翻译人才培养

从翻译人才的培养层面来看，很多国内高校刚起步的翻译专业教育还应转变其人才培养模式，引进先进的口译、笔译的教育理念和国际上高端的汉学翻译人才，融入我国传统文化和现代、当代文明文化课程设置的内容中，加强实习锻炼和案例教学，以社会需求为导向培养应用型的翻译人才。

除此之外，高校还应多鼓励学生走出国门，领略和学习他国文化和语言。也可以吸引国外留学生学习我国的汉语文化，培养一批跨文化、跨国籍、跨语种的翻译人才。

第三节　文化翻译的策略

归化策略和异化策略是文化翻译的两种常用策略。二者之间是相互影响、相辅相成的。译者要根据具体语境，带着辩证的眼光灵活地运用这两种策略。① 此外，文化翻译还可以采用归异

① 宿荣江．文化与翻译[M]．北京：中国社会出版社，2009：53．

互补策略以及文化调停策略。

一、归化策略

归化策略源语的语言形式、文化传统和习惯的处理以目的语为归宿。换言之，用符合目的语的文化传统和语言习惯的“最贴近自然对等”概念进行翻译，以实现功能对等或动态对等。①

尤金·奈达是归化理论的代表。尤金·奈达指出，“翻译作品应是动态对等的，不仅表达形式而且文化都应符合目的语规范”（郭健中，2000）。他认为好的翻译无论是在遣词造句，还是在表现形式，或者是行文风格上，都应该置身于译文读者的文化领域，要尽可能地符合译文读者的阅读心理和习惯。

归化策略的一般做法是抓住原文语用意义，从目的语中选取与原文语用意义相同的表达来翻译。也就是说，归化策略是将原文独具特征的东西采取“入乡随俗”的方法融入目的语中的转换方法。② 从语言形式上或者其形式上所负载的文化内涵来说，归化策略更倾向于目的语。总体而言，归化就是使语言更倾向于本土化。例如：

The cold, colorless men get on in this society, capturing one plum after another.

那些冷冰冰的、缺乏个性的人在社会上青云直上，摘取一个又一个的桃子。

原文中的 plum 指的是“李子”，在西方文化中，“李子”代表着“福气”“运气”，然而在汉语文化中，“李子”却没有这一层寓意。为了便于读者接受，译者将其换成汉语中同样具有表示“福气”“运气”的“桃子”，这样的译文会令汉语读者体会到原文所要表达的真实含义。

从上述例子中可发现，归化是从译入语的角度出发进行翻译

① 武锐. 翻译理论探索[M]. 南京：东南大学出版社，2010：128.

② 宿荣江. 文化与翻译[M]. 北京：中国社会出版社，2009：56.

的，这更为读者的阅读心理和习惯考虑，给读者以亲近感。

All right, now that we have covered the social amenities, let's talk turkey about what really happened.

好吧，大家既然寒暄已毕，那就让咱们来认真坦率地讨论实际发生的事情吧。

在对本例进行翻译时，talk turkey 为“说火鸡”之意，但是如果这样直接翻译，会让目的语读者感到很茫然，译文在进行翻译时，将其译为“坦率地”更加贴切。

此外，归化策略还可以用于翻译一些蕴含着丰富文化特色的成语与典故。例如：

fish in troubled waters 浑水摸鱼

drink like a fish 牛饮

Where there is a will, there is a way.

有志者，事竟成。

归化策略有其自身的优点，即它不留翻译痕迹。由于英汉语言在社会环境、风俗习惯等方面存在一定的差异，导致文化也有很大的不同。对于同一种事物在不同的文化中有着不同的形象意义，因此翻译时需要将这些形象转换为译语读者所熟悉的形象进行翻译。尽管归化中的形象各异，但是却有着相似或对应的喻意，这样的译文也能保持所描述事物固有的鲜明性，达到语义对等的效果。例如，as poor as a church mouse 译为“穷得如叫花子”而不是“穷得像教堂里的耗子”；to seek a hare in hen's nest 运用归化策略翻译成“缘木求鱼”，而不是“到鸡窝里寻兔”。

然而，归化翻译策略也存在着一定的缺陷，即它滤掉了原文的语言形式，只留下了原文的意思。这样我们有可能失去很多有文化价值的东西。如果每次遇到文化因素的翻译，译者都仅仅使用自己熟悉并习惯的表达方式，那么将会给译文读者带来一定的阅读障碍，导致译文读者无法了解源语文化中那些新鲜的、不同于自己文化的东西。长此以往，则不利于跨文化间的交流与沟通。例如：

It's as significant as a game of cricket.

这事如同板球比赛一样。

由于中国读者对板球这项运动不是很熟悉，很难了解板球的文化内涵，因此译者在翻译时，最好能够突出原文要表达的重要内容，从而译为“这件事很重要”，尽管这种译法简单易懂，但是却造成了文化内涵的损失，令中国读者无法体会到其中的文化意蕴，更无法了解板球赛在西方文化中的重要性。

综上所述，在使用归化策略进行翻译时，需要充分地考虑目标读者、原文的性质、文化色彩等方面的因素。

二、异化策略

异化是相对于“归化”而言的，异化是以源语文化为导向的翻译策略。异化力求使译文尽可能多地反映异域文化特性和语言风格，以使译入语读者能领略到“原汁原味”，有时甚至不惜采用不符合译入语的表达。

在跨文化翻译时，采用异化策略可以为译入语文化注入新鲜的血液，丰富译入语的表达，对文化之间的交流具有积极的促进作用。例如：

Some politicians are always calling for an eye for an eye and a tooth for a tooth when they hear of a terrible crime.

一些政客，当他们听到一个可怕的罪行时，便一直要求以眼还眼，以牙还牙。

本例中的 an eye for an eye and a tooth for a tooth 这一表达出自《圣经·旧约·申命记》，在翻译时将其译为“以眼还眼，以牙还牙”就采取了异化翻译策略，很好地保留了原文的文化特色，同时也便于目的语读者对《圣经》中的典故有更好的理解。

Among so many well-dressed and cultured people, the country girl felt like a fish out of water.

同这么多穿着体面而又有教养的人在一起，这位乡下姑娘颇有如鱼离水之感。

本例中,原文的 a fish out of water 是英语中的习语,译者在翻译时采用了异化策略,便于读者理解原文的含义。

"It is true that the enemy won the battle,but theirs is but a Pyrrhic victory",said the General.

将军说:"敌人确实赢得了战斗,但他们的胜利只是皮洛士的胜利,得不偿失。"

译文中采用了异化策略,保存了原文的民族特色和文化背景知识,有效传递了原文信息,有利于文化交流。

As the last straw breaks the laden camel's back,this piece of underground information crushed the sinking spirits of Mr. Dobby.

正如压垮负重骆驼脊梁的最后一根稻草,这则秘密的信息把董贝先生低沉的情绪压到了最低点。

本例中,译者在对 the last straw breaks the laden camel's back 这一习语进行翻译时,采用了异化策略直接译为中文,使读者易于理解,同时了解到英语中具有这样的表达方式。

当今社会全球化趋势加快,不同文化间敌视减少,交流增多,各民族在保持自己文化传统的同时,也乐于接受外来文化。许多异化成功的例子已经融为汉语或英语的一部分,几乎看不出移植的痕迹。例如:

sour grapes 酸葡萄

crocodile tears 鳄鱼泪

ivory tower 象牙塔

Pandora's box 潘多拉的盒子

丢面子 lose face

叩头 kowtow

纸老虎 paper tiger

总之,异化策略不仅有利于打破各种文化差异所引起的沟通界限,还有利于有效维护文化的多样性。

三、归异互补策略

作为翻译的两大主要翻译策略，归化和异化二者之间是对立统一的，都有其各自的适用范围，然而在很多语境中，仅仅使用归化或者异化是无法传达出原文的真实内容的，这就需要采取归异互补策略。

归异互补策略的概念得到郭建中博士的支持，他曾指出，"翻译中的归化和异化不仅是不矛盾的，而且是相互补充的，文化移植需要多种方法和模式。"翻译过程中采取"归异互补"的策略，有利于中国文化的繁荣与传播。

在文化翻译实践中，译者的翻译要讲究分寸和尺度，不可走极端。

过分的归化，不顾源语的民族文化特征，不顾原文的语言形式，一味地追求译文的通顺和优美，甚至在译文中使用一些具有独特的译入语文体色彩的表达手段，这就有可能会导致"文化误导"。例如：

Doe… a deer, a female deer. Ray… a drop of golden sun. Me… a name I call myself. Far… a long long way to run. Sew… a needle pulling thread. La… a note to follow sew. Tea… a drink with jam and bread. That will bring us back to doe.

朵，美丽的祖国花朵。来呀，大家都快来！密，你们来猜秘密。发，猜中我把奖发。索，大家用心思索。拉，快点猜莫拖拉。体，怎样练好身体，做茁壮成长的花朵。

上例是影片 *Sound of Music* 中的一首歌曲。译文虽然也表现出一种活泼、轻松、诙谐的情调，但其内容与原文却大相径庭，把原文修改得面目全非，这必然会失去翻译的意义。

过分的异化，是指完全不顾及译入语的表达习惯及读者的需要，完全追求原文的形式，这就必然会造成文章晦涩难懂。例如：

What a comfort you are to your blessed mother, ain't you, my dear boy, over one of my shoulders, and I don't say which!

(Charles Dickens: *David Copperfield*)

你是你那幸福的母亲多么大的安慰，是不是，我亲爱的孩子，越过我的肩头之一，我且不说是哪一个肩头了！

（董秋斯 译）

你那位有福气的妈妈，养了你这样一个好儿子，是多大的开心丸儿。不过，你可要听明白了，我这个话里可有偏袒的意思，至于是往左偏还是往右偏，你自己琢磨去吧！

（张谷若 译）

上例中，董秋斯刻意追求对原文进行异化，虽然坚持了与原文的对应，但是对于汉语读者来说，读起来却让人不知所云。而张谷若采用归化的翻译策略，将原文内在的含义清晰地翻译出来，可以轻松让汉语读者理解和把握。

好的翻译就是在两种翻译策略中寻找一个折中点。这就需要翻译者对原文内容进行仔细的研究，弄明白原文所要传达的信息，在对翻译目的、文本类型、作者的写作意图等层面进行分析的基础上，选择恰当的翻译策略进行翻译。例如：

I gave my youth to the sea and I came home and gave her (my wife) my old age.

我把青春献给了海洋，等我回到家中见到妻子的时候，已经是白发苍苍。

译文综合运用了归化策略和异化策略。其中，将 I gave my youth to the sea 译为“我把青春献给了海洋”，采用了归化翻译策略；而 I came home and gave her(my wife) my old age 译为“等我回到家中见到妻子的时候，已经是白发苍苍”，采用了异化翻译策略。如果仅仅采用归化或者异化中的一种策略，则无法清楚地传达原文的真实含义。

在处理归化法与异化法的关系时，孙致礼(2003)曾指出，应将异化法作为首选的翻译方法，归化法作为辅助方法。也就是说，“可能时尽量异化，必要时尽管归化。”

总之，译者在处理归化策略与异化策略二者的关系时，就必须要坚持适度的原则。换句话说，就是译者运用归化策略时应不改变原作品的风味，译者运用异化策略时要保证译文的通顺易懂。

四、文化调停策略

文化调停，就是省去部分或全部文化因素不译，直接将原文的深层含义翻译出来的一种策略。例如：

刘备章武三年病死于白帝城永安宫，五月运回成都，八月葬于惠陵。

Liu Bei died of illness in 233 at present-day Fenjie County, Sichuan Province, and was buried in Chengdu in the same year.

本例原文句子很短，然而文化因素丰富，有很多古年代、古地名。对这些词的翻译不可采用归化策略，因为在英语中很难找到替代词。若采用异化策略全用拼音直接译出或加注译出，不仅译文烦琐，而且英语读者也会茫然不知其解。不如省去部分文化因素，增强其可读性。

回头人出嫁，哭喊的也有，说要寻死觅活的也有，抬到男家闹得拜不成天地的也有，连花烛都砸了的也有。

（鲁迅《祝福》）

Some widows sob and shout when they are forced to remarry; some threaten to kill themselves; some refuse to go through with the wedding ceremony after they've been carried to the man's house; some smash the wedding candlesticks.

"拜天地"是中国婚俗文化中的特有现象，"天"和"地"这两个词语有着其自身特定的意义。中国读者都知道"拜天地"就是婚礼的意思。如果坚持使用异化翻译策略，将其翻译成 refuse to bow to heaven and earth，就会让英语读者不明白其意思，这时候就需要运用文化调停翻译策略，将其翻译成 refuse to go through with the wedding ceremony，这就将原文内在的含义直接翻译了出来，也容易让英语读者理解。

当归化和异化均无法解决翻译中的文化差异问题时，译者可采用文化调停策略。

文化调停策略的优势是，译文通俗易懂，可读性强。当然，文化调停策略也存在一定的缺陷，即由于其不能保留下原文的文化意象，因此常常会阻碍文化的交流与沟通。

第四节　译者的跨文化素养

文化翻译对译者提出了更高的要求，除了基本要求之外，译者还应具备跨文化素养，具体应做到以下几点。

一、译者应具有文化的敏感性与自觉性

传统翻译观认为翻译应以语言为重点，因此译者往往将注意力集中在词语、短语以及句子的翻译上，对文化方面所产生的问题没有给予充分的认识与关注。

目前，翻译已认识到，文化问题比语言问题更加重要。这就要求译者应转变传统的翻译观念，培养自身对文化的敏感性，在翻译时注意文化方面的问题，对两种文化差异进行灵活处理。

二、译者是文化的传播者

翻译是一项跨文化交际活动，称职的译者应是文化的中介者，其职责是“促进不同语言和文化的个人或群体之间的交流、理解和行动”。因此，译者的任务在于在对源语文化的深刻理解和对译入语文化的准确掌握的基础上，再现原作的文化内涵，从而促使两种语言之间的人们能够成功、无障碍地沟通和交流。从这一层面来看，译者应是文化的传播者。

例如，《红楼梦》是一部极具中国传统文化特色的古典小说，目前比较完整的英译本有两个，一本是霍克斯的 *The Story of Stone*，另一本是杨宪益夫妇的 *A Dream of Red Mansions*。可以说，这两本译文都十分成功。但是，经对比研究之后可以发现，就

文化内容的翻译层面来看，杨译本更加忠实于原作，很好地传播了中国的文化，其效果明显优于霍译本。再如：

"我现在是和尚打伞，无发无天。"

I am a solitary monk walking in the rain with a tattered umbrella.

原文是毛泽东主席一次在回答美国记者斯诺提问的回答，他用了一句中国的歇后语"和尚打伞——无法无天"来戏说自己在当时的中国拥有至高无上的地位。译者显然没有理解毛主席的意思，将其理解成了"孤独的和尚在雨中打着一把破旧的雨伞"，令人啼笑皆非。

三、译者必须是一个真正意义上的文化人

成功的翻译是离不开对文化的恰当处理的，而译者应成为一个"真正意义上的文化人"。翻译涉及两种语言文化，且二者之间存在很多差异，因此译者应精通两种语言文化。

奈达在对语言文化的特征进行总结之后，给译者划定了必备的文化知识框架，具体如下。①

(1)生态学(Ecology)。

(2)物质文化(Material Culture)。

(3)社会文化(Social Culture)。

(4)宗教文化(Regilious Culture)。

(5)语言文化(Linguistic Culture)。

由此不难看出，翻译中的文化问题涉及的范围十分广泛，内容多种多样。翻译是一门杂学，这里的"杂"其实指的是文化的庞杂。这就要求译者在日常的学习与工作中不断地积累文化知识，做到触类旁通。

此外，译者要成为"真正意义上的文化人"，还应关注读者的阅读感受。翻译通常涉及译者、源语文本、不同文化以及读者等

---

① 白靖宇.文化与翻译(修订版)[M].北京：中国社会科学出版社，2010：22.

因素，中西译论也大多围绕这几个方面来展开。

德里达(Derrida)在《巴别塔》一文中曾经指出："翻译……具有生命的表象，但却是来世生命，因为翻译揭示了原文的死亡。"(转引自冯文坤，2009)他用原文的"死亡"淡化了作者与原著的重要性，而与之相对的，接受者的意义就凸显了出来。

自从艾布拉姆斯(Meyer Howard Abrams)在《镜与灯——浪漫主义文论及批评系统》中将读者列为文学的四要素之一以后，读者的接受成了文学批评的重心。

在接受美学的理论中，文学研究应该避免仅仅走作者与作品研究的老路，而是把研究重心放到文本的终端接受者——读者身上。[①] 接受美学的理论对于译者的翻译工作具有重要的指导作用。

翻译活动是一种多向交流的过程，译者是作者与读者之间产生精神交流的桥梁与纽带，作者对于译者来说是可知的、有限的和固定的，而读者群体则是未知的、无限和潜在的。在翻译活动中，译者有必要时刻以接受美学的理论作为指导，重视读者的地位。只有这样，才能成为"真正意义上的文化人"。

---

① 徐艳丽.接受美学视角下的文学作品翻译[J].短篇小说(原创版)，2015，(5)：87.

第三章　中西思维模式差异

思维模式具体指的是一个国家、地区的民族在长时间历史发展的过程中逐渐形成的具有稳定性特点的文化积淀。思维模式一旦形成，就会成为不同文化下人们交流、沟通障碍的主要因素。厘清中西思维模式在各个层面的差异，对推动中西文化间的交流、借鉴和融合有着重大、深远的意义。本章就主要围绕整体思维与个体思维、形象思维与抽象思维以及直觉经验性思维与逻辑实证性思维这几大方面对中西思维模式差异进行研究和分析。

第一节　整体思维与个体思维

在长时间的历史发展和演变中，中西方形成了鲜明的整体思维和个体思维的差异，这一思维模式的差异对人们生产生活的各个层面都产生着影响。

一、中国整体思维模式的相关内容

（一）整体思维以及整体思维模式

对整体思维以及整体思维模式的概念，在学术界并没有形成统一的意见。下面就结合国内学者刘泽江和曲秀全的观点进行具体分析。

根据我国学者刘泽江的观点，整体思维又被称为“系统思维”。它是我国传统思维方式的主体。具体表现为“天人合一”的认识观和“人文和合”的社会观。整体思维作为一种思维方式，其具有渗透性、继承性以及稳定性的特点。汉语文化下的人们具备将人类和万物视为一个整体进行思考的习惯。在对事物的认识层面也重视整体思维,讲究思维的整体性、全面性以及综合性。

根据我国学者曲秀全的观点,整体思维模式就是用一种混沌、模糊的统一性、全局性认识方法去把握客体的大致轮廓与范围,并把追求该客体组成因素间的和谐、统一、共同向上作为关心的主要内容的一种思维习惯与心理定式。[①]

综上所述,我们认为,整体思维着眼于全局,遵照由整体到部分的逻辑,强调整体平和与整体程式。

(二)整体思维模式的表征

整体性的思维模式在中国文化中有着很深远的历史渊源。很早以前,生产力水平比较落后的小农经济时期,先民们就意识到人类本身的生存和自然恩赐,万物的丰收和大自然外界风调雨顺之间所存在的紧密联系,并从男女关系、日月交替以及天地交合中悟出了"天人合一""阴阳交感""万物一体"等意识。伴随着时代的发展和社会的进步,这种整体性思维模式也在进一步的发展。历经了两汉的宇宙论、魏晋的玄学、佛教的本体论,一直到宋明的理学体系,有机的整体性逐渐成为中国传统思维模式的一大显著特征。整体性思维模式是将人和自然、人间秩序和宇宙秩序、个体和社会视为相互对应、相互制约、相互依存、不可分割、平衡协调的有机整体。

具体而言,汉语文化下人们注重整体性的思维方式主要体现在以下两个层面。

其一,整体包含着部分,各部分间也存在着密切的联系,对各部分的认知、了解必须建立在对整体了解的基础之上。在整体的结构中,形神合一,身心合一,主体和客体合一,精神和物质合一,思维和存在合一。例如,"太极""道""气"等都属于整体的基本范畴。八卦、阴阳、五行都属于整体的基本要素。并且这种整体思

---

① 曲秀全.古代中国整体思维模式探究[J].系统科学学报,2014,(3):46.

维模式在我国一些典籍中也体现得比较明显。例如：

天地与我并生，万物与我为一。

《庄子·齐物论》

天亦有喜怒之气，哀乐之心，与人相副，以类合之，天人一也。

《春秋繁露·阴阳义》

上述观点很好地体现了天人互相感应，相类相通的思想理念，同时还体现出一种物我两忘，天人同体同德，物我不分、万物有情的宇宙观。同时，还将客体自然（天道）化为主体人心（人道），使主客相互渗透，人与自然无间契合。其中“知行合一”整体强调的是认知和行为相一致，儒家的观点认为认知和伦理实践相一致，墨家的观点认为认知和生产实践相一致，法家的观点认为认知和政治实践相一致。

其二，整体思维还将天、地、人与自然、社会、人生置于关系网中从整体上综合考察其有机联系，注重整体的关联性，而不是将整体分为部分进行逐一分析研究，它注重的是功能与结构，而不是元素与实体，注重的是感应与关联，而非因果与个体。除此之外，它还注重运用辩证的方法去认识对立面的统一性和多样性的和谐。但是，到了17世纪以后，西方人开始注重分析事物的因果关系而非注重事物的相互关联，但中国仍然注重事物的关联性。正如德克·博迪（Derk Bodde）所说的那样：[①]

Beginning around 1 600, the old correlative kind of cosmology; believed in even by Kepler, collapsed under the rising tide of the "discovery of how to discover." Out of the debris a new worldview gradually emerged, much more based on causality than on correlation. In China no such triumph of causality over correlation occurred for a long time. Until the present century, as we shall see, the old correlative cosmology remained dominant. This is a very important difference between Europe and China(as well

① 连淑能.英汉对比研究[M].北京：高等教育出版社，2010：301.

as other civilizations).

二、西方个体思维模式的相关内容

(一)个体思维以及个体思维模式

通常而言,个体思维指的是个体独自进行的思维活动。个体思维通常是与整体思维相对而言的。

个体思维模式指的是在认知事物的过程中将目标对象进行分解,从认识事物的每个部分开始对其进行了解,在对其各个部分的了解以及认识达到一定水平时便自然形成了事物的整体印象。

(二)个体思维模式的表征

个体思维模式是西方思维模式的显著特征,这一思维模式更加注重个体。具体有以下方面的体现。

在西方文化中主张"天人相分"的哲学观点,认为万物的中心应该是人,人在自然界中应处于支配和改造的地位,人类可利用自己的力量对外部世界进行改造。西方文化中注重研究个体成分的独立作用及个体之间的相互关系,寻求精确和具体,强调形式结构和规则制约,突出从小到大,由部分到整体,强调"由一到多",具有"个体思维"的明显特点。

三、整体思维与个体思维在语言中的表现形式

汉语文化下的人们的思维层面通常都以整体为主导,习惯一切事情从全局出发,从整体着眼,而西方文化倡导的是个体优先,对事物的分析习惯从局部着手,进而不断发展,以形成对事物的整体了解。这种模式的差异在语言的组织逻辑以及语言的结构上都有具体的反映。

(一)时间、空间表达上的具体体现

在汉语中,对于时间和空间的表达顺序都是从整体到局部的,也就是遵照由大到小的单位。例如,中国人对于时间的排列顺序是以年、月、日、时、分、秒来表达的;对于空间的表达通常是按照从大到小的顺序进行叙述的,即国家、省、市、街道。

中西方在时间和空间的表达上存在很大差异,西方在表达时间和空间概念时一般遵循的是从局部到整体,从笼统到特殊的顺序。英美人表达时间时习惯为:分、时、日、月、年。表达空间顺序时习惯为:街道、市、省、国家。

下面是中西方在时间和空间上的表达差异的具体体现。

词:岁月、快慢、大小、远近、粗细、深浅、长短、明暗、胖瘦、房屋、乡里、高低等。

短语:长吁短叹、事无巨细、粗枝大叶、分秒必争等。

句子:静静的这乡村躺在月光下面,静静的这小河躺在月光下面。

英语中对于类似的表达与汉语的逻辑顺序正好相反。

短语:elementary,secondary and tertiary school 大中小学

small and medium-side enterprises 中小企业

man and boy 从童年到中年

句子:Strolling unescorted at midday past a major concentration of the huts just a block from the city's central avenue,I nonetheless saw many sign of occupation.

中午,我在没有导游陪伴的时候,独自漫步街头,在中央大道附近发现了一个很大的棚户区,很多茅棚里还住着人。

Ba Jin was born in 1904 into a big landlord family in Sichuan Province in China.

巴金 1904 年出生在中国四川省的一个封建地主家庭。

The conference delegates discussed his report animatedly in the meeting room yesterday morning.

会议代表昨天上午在会议室热烈讨论了他的报告。

I sat there for a while every couple of hours on Monday last week.

上周星期一每隔两个小时我就要在那儿坐一会儿。

He works in a small factory in the suburb of Kunming City, Yunnan Province.

他在云南省昆明市郊的一个小厂里工作。

(二)事物命名上的具体体现

中西方整体思维和个体思维的差异在事物的命名上体现得比较明显。汉字不属于拼音文字,汉字主要是依靠字体的形态来表达含义的。因此,汉语中对于事物命名是趋向于使用相同的偏旁部首进行命名。

(1)在动物命名方面的体现。很多动物的命名基本都带有偏旁“犭”:猪、狗、狼、猫、狐狸等。

(2)在植物命名方面的体现。植物的命名一般都带有偏旁“木”:柏树、松树、桦树、柳树、杨树、桃树、杏树、栎树等。

此外,在汉字的构造方面也有所体现。

与水有关的字都带有偏旁“冫”或“氵”:冰、冻、沪、漂等。

与草本植物相关的字都带有偏旁“艹”:芋、芍、苣、芹、芥、荷、蒜、菊、葫、蔓、茗、节、蒂、芽、芳、芯、苗、茁、茎、茸等。

与语言相关的字都带有偏旁“讠”:说、话、论、讨、议等。

与衣服有关的字都带有偏旁“衤”:袜、裤、袖等。

英语造字构词的方法体现的是个性化的特点,主要是针对各个事物自身的属性以及特点进行命名的。

(1)在动物命名方面的体现。例如,wolf(狼),cat(猫),dog(狗), fox(狐),lion(狮),monkey(猴),pig(猪)等。

(2)花的命名。例如,marguerite(雏菊),hyacinth(风信子),daffodil(黄水仙),chrysanthemum(菊),gladiolus(剑兰),yucca(丝兰),cantury plant(龙舌兰),magnolia(木兰),orchid(兰花),

freesia(小苍兰),begonia(秋海棠),wisteria(紫藤)等。

可见,中西方在构词上也存在很大的不同,汉语中先确定总体的类别,再对其进行细分。草本植物主要包括花、草、菜等几大类。一种类别的词一般采用复合法来构造。花卉类别的词语的结构一般为具体的种类后加上一个“花”字构成。例如,兰花、木棉花、菊花、牡丹花、喇叭花、桃花、李花……草类的词组名字为:兰草、茅草、海草……各种蔬菜类的名字为:青菜、白菜、韭菜、苔菜、芹菜、蕨菜……英语的构词法主要是由词根和词缀构成的。

第二节 形象思维与抽象思维

汉民族的形象思维与西方民族的抽象思维也是中西思维模式差异的一大表征,本节就对此进行具体分析。

一、 中国形象思维的相关内容

(一)形象思维的界定

根据张全的观点,形象思维具体是指在人头脑里对记忆表象进行分析综合、加工改造,从而形成新的表象的心理过程。而逻辑思维是运用概念进行判断、推理的思维活动。朱嘉伊认为,形象思维属于人类最基本的思维活动形式之一。这一思维活动是将“形象”作为主要的思维手段。形象思维是以对形象信息传递客观形象体系感受、存储为基础,结合主观的情感、认识进行的识别,并借助一定的手段、形式、工具创造以及描述形象的一种基本的思维形式。

汉语文化下的人们在进行思维时,总是喜欢与外部世界的客观事物的形象联系起来,结合重现在大脑中的相关物象进行思考。总的来说,擅长形象思维是汉民族文化下人们典型的思维形式。

（二）形象思维模式的表征

擅长形象思维是中国人思维的一大显著特点。汉民族文化下的人们在其思维活动中习惯于联想外部世界事物的形象。我国的思维模式与传统儒家、道家的哲学思想是一致的。

汉民族的这种形象思维强调的是思维的顿悟。中国喜欢以某个事物的外部信息为依据进行想象或对比，这一思维模式在我国诗歌以及其他文学作品创作中都有所体现。例如，诗歌或者文学作品中频频出现的比喻或者借代等修辞手法运用。这些修辞以及习惯反映了汉语思维中对于事物的认识不是从具体到抽象的，而是从抽象到抽象的。

国内还有一些学者将这种思维称为“悟性思维”，也就是“借助形象，运用直觉、灵感、联想、想象之类的思维形式，将感性材料组织起来，使之构成有条理的认识，具有直觉性、形象性、主观性、整体性、模糊性等特征”。

二、西方抽象思维的相关内容

（一）抽象思维以及抽象思维模式

抽象思维具体指的是人们在其认识活动中借助概念、推理、判断之类的思维形式来间接、客观地反映客观现实这一过程。抽象思维属于更高一层次的理性认识。抽象思维完全是依靠科学的抽象概念对事物本质以及客观世界发展的深远过程进行反映，这种思维形式能够让人们借助认识活动来获取远远超乎凭借感觉器官直接感知的知识。

西方文化下人们所擅长的抽象思维形式其实就是同现实世界物象相脱离的抽象思维，这种思维形式是以逻辑推理和语义联系为逻辑思维的。

（二）抽象思维模式的表征

抽象思维是西方文化下人们所擅长的思维模式，即其思维模式与外界事物相脱离，主要根据本身的逻辑思维以及语义联系来进行思考和分析。抽象思维注重科学、理性，强调借助形式逻辑和推理论证去分析和认识外部事物的本质和规律。他们习惯于通过事情的或事物的简单表象去对事物的内在本质和潜在规律进行分析。

西方的抽象思维形式倾向于建立一些概念性的体系或者架构，西方语言的重抽象性主要也是受到印欧语系的影响。学者们称西方的思维模式为“理性思维”，即“借助逻辑，运用概念、判断、推理等思维形式，探索、揭示事物的本质和内在联系，具有逻辑性、抽象性、客观性、分析性、确定性等特征”（连淑能，2006）。英语习惯用抽象概念来表达具体含义。常使用抽象名词来表达复杂的理性概念。例如：

A lot of Diana's appeal comes from her stunning physical presence.

戴安娜之所以受到公众的关注主要是因为她那令人倾倒的身段。

本例中，presence 如果译作“出席”“存在”“到场”等抽象概念，会让人百思不得其解。

三、形象思维与抽象思维在语言中的表现形式

（一）语言文字方面的具体表现

中西方在思维模式方面的差异使其在语言文字上也存在着诸多不同。

汉语形象思维模式在语言中具体有以下两点体现。

其一，汉字由来方面。汉语偏重具体思维，以具体的形象对抽象内容进行描绘。这一点在汉字的由来上就得到了很好的体

现。很多汉字的形状是根据具体的形象简化而来的。例如,汉字"门"(門)、"目"就是事物"门"和眼睛的直观反映,并且从它们由甲骨文到小篆,再到楷书的演变就能很明显地看出。如图 3-1 所示。

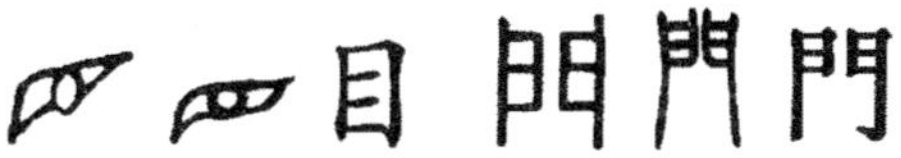

图 3-1　汉字"目"和"门"的字形演变

汉语语言中借助形象表意的字符被称为"形符"。早期的汉字体现出比较高的象形程度,表意字大多使用形符。有的是以形表意的象形字。例如,月、鱼等。还有的是指事字,如本、木、上、下等。还有一些合形会意的会意字,如"武",从戈从止,这里的"止"通"趾",该字意为戈下有足,用来表示人拿着武器走,有显示武力或征伐之意。

其二,词的构成方面。汉语的词是对客观事物的抽象反映但也与其形象相联系,以显示其具象性。例如,"矛盾"一词表达的是抽象概念,"矛"与"盾"又指攻与防的兵器,以人们熟悉的实物的形象去描述抽象的概念既形象又生动;"吃醋"一词,表达的是如吃醋般酸溜溜的"忌妒"。而"忌妒"一词极为抽象,想要从其字面上去理解其含义很难,用"醋"这一形象的实体作比喻的描述,使抽象的概念变得具体,更加容易被大家所理解。

英语语言以抽象思维模式著称,其思维偏重于抽象化的特征,这一特点使英语中经常使用抽象表达。抽象名词含义较为笼统,具有概括性,有时会给人一种晦涩难懂的感觉。但是这样的特点更加有利于表达一些微妙的感情或者思想变化。例如:

The trunk was big and awkward and loaded with books. But his case was a different proposition.

那个箱子又大又笨重,装满了书。可他的箱子却不同。

例中 proposition 一词语义抽象,英汉词典所列的释义均不可照搬,对其含义的理解较为困难。在汉语表达中根据上下文语境,将第二句"But his case was a different proposition."译为:可他的箱子却不同。汉语中变抽象概念为具体含义。

Popular rejoicing will go on for a week throughout the country.

在全国,庆祝活动将持续一个星期之久。

英文中的抽象名词 rejoicing(庆祝)译成汉语时加上了具体化名词"活动"。

The signs of the times point to the necessity of the modifications of the system of administration.

管理体制需要改革,这已经越来越清楚了。

本例中抽象名词的利用很广泛,英语中常用名词短语而较少使用动词。因而,此句可释义如下:"It is becoming clear that the administrative system must be modified."

在英语中多采用抽象概念,汉语中多采用具体的概念。例如:

The financing of the sale often involves bills of exchange and documentary credit.

商品买卖的货款收付情况体现在汇票或跟单信用证中。

Mark her professions to my husband. Can anything be stronger?

你听听她对我那可怜的丈夫说的话。还有比这更肉麻的吗?

Environmental degradation and population growth, with consequent increase in demand for water, have contribution to a shortage of good quality fresh water.

环境退化和人口增长,以及随之而来的对水需求的不断增加,使优质淡水的短缺变得更加严重。

It so happened in a department store that an old couple, after careful selection and much hesitation, fumbled 600 yuan from their pockets for a quality down quilt, smiling with content when the package was handed over the counter.

在一家百货公司,碰巧有一对老夫妇,他们经过左挑右选,犹豫再三，终于从口袋里笨拙地摸出600块钱来，买了一床优质鸭绒被，当鸭绒被从柜台那边递过来时，两人满意地笑了。

（二）句法表达形式方面的具体体现

汉语形象思维模式所强调的是一种含蓄的思想理念。汉语的魅力就在其“只可意会，不可言传”的意境。汉语在进行思想表达时不一定非要显山露水，有时往往以含蓄地展现。因而，汉语在表达深层含义时，通常并不借助本身的语言形式，而是借助词语或是句子的引申意义或者联想意义的逻辑关系来实现，这也是汉语注重意合的突出特征。

英语抽象思维模式的特性具体表现在其理性分析上，英语语言注重的是形态明示和工整的结构。英语语言注重语言的整体连贯性以及其衔接，英语句子的衔接以及句子含义的转折等都是依靠连词来实现的，因而英语中的连词要比汉语中多很多，这也是英语句子形合的具体体现。

更为简明扼要地说，英汉两种语言在句子结构连接方式的差异表现为：英语句子之间的关联，包括并列句、主从复合句、转折句等，均用连接词表明连接关系；而汉语句子之间的连接主要依靠语言的内在含义的连贯性，极少使用连接词。例如：

He is not honest, so he is not fit to be a cashier.

本例中so表示的是某个原因导致的后果。在英语中表示因果关系必须要使用so，但是，将本句子翻译为汉语时若仍然保留so，则译文为：他不老实，所以他不宜当出纳员。从汉语表达习惯来看，“他不老实”足以说明“他不宜当出纳员”，“所以”在句子中颇显多余。因此，在翻译过程中可将so和作为共同主语的he省略，译为：他不老实，不宜当出纳员。

老师在等我，我必须走了。

此句汉语中的因果关系是内在的，根据汉语表达习惯，因果句子中不用强调说出“因为”“所以”。但是如果要将这句话翻译为英语时就必须要考虑使用连词来表达因果含义。若不考虑表明两个句子之间的联系，则将其译为：My teacher is expecting me, I must be going now. 按照英语的表达习惯，一个句子中出现了两个主语、两个谓语是不允许的。而应将句子改译为：My teacher is expecting me, so I must be going now. 或 Because my teacher is expecting me, I must be going now. 在英语中表达因果关系的 so 或 because 是必要的，只有使用恰当的连接词，才能将英文句子中各部分之间的连接关系清楚地表现出来。

对下面这两句话的翻译充分体现了英语和汉语在语言表达上的差异性。例如：

Wise men love truth, whereas fools shun it.

智者爱真理，愚者避真理。

智者爱好真理，相反，愚者回避真理。

He'll show her the place where they would make her look like a proper dame for next to nothing.

他将把她带到那个地方去，他们会把她打扮成淑女，还花不了几个钱。

他将把她带到那个他们会把她打扮成淑女的地方去，还花不了几个钱。

以上两个例句中，第一种翻译要比第二种翻译更加得体，前者更加符合汉语表达习惯，后者在原来的基础上增加了相应的连词，这些连词的使用非但没有起到好的作用，反而显得画蛇添足。英语句子的连贯以及逻辑关系的表达都需要用连词来体现，汉语与英语的表达习惯不同，汉语中句子之间的关系主要依靠各个句子之间内在的含义来确定。英文中善用连接词，英文的句式发展就像一棵“大树”。从主句（树干）出发，通过连接词（树节）不断分散，形成新的分句或短语（树叶）。英语中经常会出现长达 100～200 个单词的英语句子，有时一句话就是一个段落。但是，不管英语句子有多长，其结构有多复杂，所有的成分都与句子的中心成分之间保持着密切的联系，句内、段内之间总是条理清楚、逻辑有序的。例如：

The election which has led to your being chosen to preside over this Assembly is attributed to your great country, which has contributed to the development of the history of free nations a tradition of peace that serves as an example of for the legal community that we constitute.

这一段话其实仅有一个句子，它囊括了近50个英语单词，但是句子主干很清楚："The election is attributed."由关系代词"which"引导的定语从句分别修饰主语election和country，而定语从句中又有两个由that引导的定语从句分别修饰tradition和community，这样环环相扣，逻辑周密、严谨。

It is rather for us to be here dedicated to the great task remaining before us—that from these honored dead we take increased devotion to that cause for which they gave the last full measure of devotion—that we here highly resolve that these dead shall not have died in vain—that this nation, under God, shall have a new birth of freedom—and that govern merit of the people, by the people, for the people, shall not perish from the each.

这段话中，连接词的使用非常典型，连接词的使用使句子的结构更加明显，句式环环紧扣，语义层层递进，气势磅礴。此句翻译为汉语应该为：

我们更应该做的，是在此立志致力于仍摆在我们面前的任务。这一任务是，我们要继承这些英烈们的遗志，更忠诚于他们为之鞠躬尽瘁、献出一切的事业。这一任务是，我们要在此庄严宣誓：烈士们的鲜血绝不会白流；我们这个国家在上帝的保佑下，一定会获得自由的新生；民有、民治、民享的政府绝不会从地球上灭亡！

汉语中对于这段话的翻译就没有连词，但是读起来仍然很有气势，铿锵有力，这样的表达才更加符合汉语表达习惯。

下面是汉语句子的翻译，从这些翻译中也可以很明显地看出英汉语言表达形式的不同。

她身材苗条，个子高高的，前额突出，鼻子翘起。

She was a slim and tall girl with slightly bulging brows and a turned-up nose.

这句话由四个短句构成，在翻译为英语时汉语中的四个短句就变成了一个简单的英语句子。

人民中有人犯了法，也要受处罚，也要坐班房。

When anyone among the people breaks the law, he too should be punished or imprisoned.

该句中如果去掉 when，整句话就不成立。

他在读书，我在看电视。

He was reading, and I was watching TV.

在本句中，英文翻译中如果将连词 and 去掉，那么这句话就是不成立的。

第三节　直觉经验性思维与逻辑实证性思维

直觉经验性思维和逻辑实证性思维是从认知的角度对中西思维模式差异所进行的对比分析。直觉经验性思维属于我国传统思维的重要构成部分，这种思维模式蕴含着宝贵的创造性品质，对于提升人们的创造性思维能力意义重大。逻辑实证性思维是西方人们的思维特质，主要表现为注重形体，侧重于事物的结构、要素，重定量、定形等。下面就对这两大思维模式进行探讨和分析。

一、直觉经验性思维的相关内容

（一）直觉经验及其特征

直觉通常指的是没有经过推理分析的一些观点。直觉经验就是用直觉的顿悟的内心体验的思维途径去领悟自然法则，而不用概念或语言去描述,也不用逻辑推理去论证。

著名的哲学家和社会活动家伊克巴尔(Iqbal)曾经面临着对直觉经验真实性质疑的问题,进而他对直觉经验同理性间的关系进行了强调。并且在他关于《知识和宗教》这一演讲中,明确提出了“神秘经验”的五大特征。以此为依据,可将直觉经验的特征进行如下归纳。

1. 明确性

传统意义上对直接特征强调的最多的就是明确无误。直觉主义者和怀疑论者存在着明显的不同,直觉主义认为绝对的、必然的知识大多来源于人类固有的经验。直觉主义还对人的天赋观念持肯定态度,其实就是认为由直觉得来的知识这一天赋观念具有必然性的特点。对于直觉知识是明确无误这一描述在近代西方哲学那里有很多支持观点,笛卡儿(Decare)对直觉的理解具体如下:“直觉既非感觉那样变幻无常的证据,亦非源于易错想象力的误导性判断,而是一种明晰的、专一的心灵所具有的理智认识,一种先行的、明确的认识以至于我们对其毫无怀疑,因此我们称之为理智理解。”

洛克(Locke)也对直觉知识进行了描述,具体如下:“渺小人类所能够达到的最明确、最确定的知识。这类知识就像明亮的阳光一样是不可抗拒的,一旦心灵转向其方式,这类知识就立刻强势地使自己被意识到,没有任何余地对其犹豫、怀疑或者考察,心灵只是盛满其明晰的亮光。”

一些近代的理性主义哲学家认为直觉知识是所有理性推理的前提,是遵照同一律而得出的必然知识,这种类型的知识虽然不能用理性记忆证明,但是,其明确性依然是不容置疑的。

2. 直接性

直觉经验其实是终极实在的直接经验。曾经有一位著名的学者在对“神秘主义”进行论述时如此写道:“我们可以说那些我们称为神秘主义者的人——至少那些不计其数的艺术家和冥思者——在经验的最完满和最深度层次，的确包含了对永恒实体的直接领悟。”此处所说的直接领悟用柏拉图的话进行表述就是“直觉的来临如同闪光”。这些基于直觉经验的直接性特点的认识对伊克巴尔来说也有很强的现实意义，具体表现在真主在其中就像其他对象一样是能被认识的。这里的“真主”并不是抽象的存在，或者诸多概念的相互组合那样与经验无关。可以说，直觉经验同人类的其他经验在直接性方面并没有太大的区别，这是直觉经验和普通经验的又一共同点。

3. 客观性

根据伊克巴尔的观点，“神秘状态”也就是他所说的“直觉经验”从内涵上来看是完全客观的，如果将其简单地视为陷入纯粹的主观冥想显然是不科学的。伊克巴尔还将“直觉经验”与“普通经验”这两者进行了对比分析，认为普通经验的客观性依据就是能够得到他人的回应。伊克巴尔据此进行了类比，并将宗教经验的客观性建立在《古兰经》的证据上，其实就是宗教思想中“真主回应人类的呼唤”。此外，伊克巴尔还提出了另外一个证据，用来证明建立在直觉上的宗教经验是客观的，也就是宗教生活可以分为不同阶段的修行这一事实。这同学习科学的方法具有一致性，实践宗教心理学的学生以批判性的态度筛选经验，旨在排除其中的主观因素。其经验中的心理或者生理因素最终要达到完全客观。为了对“直觉经验纯粹是主观的”这一质问进行回应，伊克巴尔还多次提出了直觉并不是一种完全不同于理性和感知的认识能力，直觉是内含在诸多层次认识能力中的一种能力。为了证明直觉经验的客观性，伊克巴尔还提出了第三个证据，他认为，人们对直觉经验的客观性之所以持反对的观点，是因为对这种认识方式不习惯，他还认为，直觉经验向我们展示的各种经验同其他经验一样真实、具体，并将其描述为一种神秘的、敏感的或超自然的东西，其不会有损于它作为经验的价值。伊克巴尔认为：“对于原始人来说，各种经验就如同超验的东西。人类受到生活需要的驱使，试图对自己的经验做出解释，在解释的过程中慢慢地出现了我们所说的‘自然’一词。”从这一层面来看，直觉经验的客观性特征是和普通经验相一致的，这也是它们的共性特点。

4. 整体性

直觉经验拥有一个不可分析的整体，在直接经验中，这种不可分析的“终极实体”是以一种不可分的统一体被呈现的。伊克巴尔还对“直觉经验”和“推理观念”进行了分析和对比，他以“认识桌子”这一常见的现象为例进行分析。具体如下：“当我们经验到我面前的一张桌子，无数的经验材料汇聚为我对桌子的单一经验。出于这些材料的丰富性特点，我们通常会选择一些被纳入确定时空序列中的材料，并用桌子来指称它们。但是，在神秘主义陈述中，这一生动的分析几乎是不太可能的。”推理性的认识通常所专注的是分析与综合的推理，然而，在神秘主义认识中，所有不同因素会变为另外一种单一的不可分析的统一体，在这一统一体中，主体和客体间的传统区分就不复存在了。因而，“直觉经验”和“推理观念”之间的区别，其实就是认识部分与认识整体的区别。后来，法国著名的存在主义哲学家萨特将这一区分又具体描述为“反思”和“非反思意识”间的区别，其中的“非反思意识”，从本质上看就是伊克巴尔所说的直觉的不可分析的整体性。伊克巴尔还强调指出，这一区别其实并不意味着“直觉经验”和“推理经验”认识是不同的终极实体。根据伊克巴尔的观点，在任何情况下，作用于我们的终极实体大体上是相似的。直觉经验对整体性这一特征的把握是普通经验所不具备的，这其实也是直觉经验和普通经验的区别之处。

5. 不可交流性

直觉经验还具有不可交流性。它的这一特点有时还会引起很多学者的质疑，甚至认为这一特点是同其客观存在相矛盾的，其实不然。对于直觉经验的不可交流性，伊芙琳·恩德希尔做出如下回应："如果感性确实是实在的标准，就像一部分哲学家敢于宣称的那样，它引领我们到一个实在世界的陌生图景，与此同时，艰难地拓宽人类的词汇。那么，不只是我们的神秘主义，就连我们最高级的审美和热情经验也是不足信的。基于此，很多人提出了质疑，难道在人类所有经验和知识中没有一丝是不可交流的吗？其实不然，审美就是一个反例，但是，我们不可否认的是，审美是客观存在的。神秘经验和直觉经验从本质上进行分析也是难以言表的感觉，因此说其具有不可交流性并不违背常理。直觉经验的不可交流性并不是说其自身不可确定，而是由语言和概念的局限性所导致的。

（二）直觉经验性思维的具体体现

直觉经验性思维是汉民族思维模式的显著特征。这种思维模式在语言层面也得到了很好的体现。中国的语言属于意象性语言，文字符号多具有会意、象形和形声的特点，其在进行文字思想的交流时也通常联系具体事物的形象，注重"意出言表""格物渐悟"等，注重语言背后的"象"和"意"，用形象的符号隐藏意义，将意象看得比语言还重要，具有形象的特征和明显的隐喻。

中国人的直觉经验思维还表现为类比性。例如，在语言表达中运用象征、类推、比喻、联想等修辞手法。类比是指根据两种对象在某些属性上的相似或相同，来推论其在其他属性层面的相似或相同。通过由此及彼、由彼及此，由已知到未知来沟通异类，用具体形象阐释抽象意义，以义起情，使情物交融，易于感悟，以类度类，以一知万，触类旁通，举一反三。例如，阴阳八卦和五行学说都以天、地、人、物类比，发现其间的规律和联系，将人体比作小宇宙，同时认为世界是由金、木、水、火、土五种基本物质构成，将万物也纳入"五"的范畴，如气味有五味，身体有五脏，谷物有五谷，声音有五声，天象有五星等。

二、逻辑实证性思维的相关内容

(一)逻辑实证主义

逻辑实证主义的主要阵地是维也纳。这一概念首次被提出是在1931年费格尔和布卢姆贝格所著述的《逻辑实证主义:欧洲哲学中的一场新运动》这一论文中,当时,这些学者之所以要杜撰这些概念,主要是为了同"传统实证主义"相区别。逻辑实证主义所坚持的立场是"科学实在论"。很多逻辑实证观点的支持者对因果规则持信任立场,并认为,不可观察到的物理对象、事件等只要能借助自然规律以及可观察到的或者经验到的事实相联系,就能确定其存在,诸如快乐、痛苦之类的感觉以及电场、原子等理论实体。

法国哲学家孔德(Comte)创立了实证主义。他认为,科学唯一的目的是发现自然规律或存在于事实中的恒常关系,这只有靠观察和实验才能成功地运用到人类实践的各个领域。奥地利物理学家马赫和法国哲学家阿芬那留斯创立了第二代实证主义,德国哲学家石里克等创立了第三代实证主义,即逻辑实证主义,直接将实证和逻辑连成有机整体,使知性思维的逻辑和实证互为表里。实证性成了西方思维方式的一大特征。逻辑实证主义很好地继承了让孔德、马赫等的实证主义传统,其中最重要的就是倾向于反实在论。根据逻辑实证主义者的观点,应将实证限定在可观察到的范围之内,反对原因,怀疑说明,反对从电子因果效应中推出电子存在,认为只存在现象之间的规律性。遵照逻辑实证主义的观点,"独立于我们意识之外的东西是否存在属于不能被经验验证的形而上学问题,应予摒弃。至于科学中的理论实体,并不能认定为客观存在,而仅仅是逻辑构造的产物。"

西方文化下的人们注重逻辑证实,这也是他们思维的传统的典型特征。表现为崇尚理性知识,认为只有经过大量实证的分析检验得出的结论才是科学的、客观的。换言之,人们形成了一种理性思维定式，其思维有很强的理性、实证、思辨色彩，注重逻辑推理和形式分析。

（二）逻辑实证思维的具体体现

逻辑实证的思维在西方语言和文化中体现得最为明显。西方的实证性思维重视语言的作用，将语言视为思维的工具，认为要把概念与观念具体化，必须借助语言。西方形式逻辑的形成，必须依靠语言分析和语法学：词和词组与概念相对应，单句与判断相对应，复句和句群与推理相对应。西方的拼音语言不是对自然现象的模拟，而是人为规定的信号，信号以理性的规则建立象征符号，以声音组合决定意义，取决于人的主观分析、概括和抽象的能力，因而导致语言的形式化、信号化和逻辑化，比较容易上升到逻辑思维。

逻辑论证必须借助概念、判断和推理等思维形式和各种思维方法，在理性推演中认识事物的性质和联系，对思维对象进行间接的、概括的加工，因而呈现出抽象性特征。从语言层面进行分析，这种思维强调逻辑实证性，具体体现在对“形合”(hypotactic)的侧重上。简言之，西方人注重运用有形的手段使句子达到语法形式上的完整，其表现形式需要逻辑形式的严格支配，概念所指对象明确，句子层次衔接紧密，结构严谨，句法功能呈外显性。

第四章　中西语言词汇文化差异下的翻译

人名、地名、数字、颜色词、自然词都是中西语言中重要的词汇文化，在日常交际中有着十分广泛的应用。但是由于文化的差异，这些语言词汇文化并不完全等同，因此了解词汇文化间的差异并科学选用灵活的翻译方法是交际顺利的重要保障。本章就对中西语言词汇文化差异下的翻译进行研究。

第一节　中西人名文化差异下的翻译

由于语言的不同，因此不同文化对人名称呼也有各自的特点。下面对中西人名文化的差异进行总结，并分析中西人名文化翻译的原则与方法。

一、中西人名文化差异

（一）中西姓名结构的比较

英语姓名与汉语姓名在形式上存在一定的差异。英语姓名是名在前，姓在后，如 Shakespeare 是姓，William 是名。英语姓名一般由三部分构成，即教名（the Christian name/the first name/the given name）＋中间名（the middle name）＋姓（the family name/the last name），如 Eugene Albert Nida(尤金·阿尔伯特·奈达)。但很多时候，英语的中间名仅写起首字母或不写，如 Eugene Albert Nida 写成 Eugene A. Nida 或 Eugene Nida。

相反，汉语中姓名的顺序是：姓＋名，如白居易、王安石、雷锋等。从古至今，汉语中的姓都是从父亲那里传承下来的，父亲姓什么孩子也就姓什么。在我国,姓氏的功能是用于续血统,别婚姻。名字多是由长辈、父母或亲属为自己起的。然而,近些年为了追求个性,很多人因各种原因选择了随母姓。

英语国家的人多信奉基督教,所以当孩子出生一个星期左右就会抱教堂做洗礼仪式,并由父母、牧师或亲友为其起一个名字,即教名。由于教名居于全名之首,所以又称为"首名"。根据其教名或首名我们就能知道这个人的性别。他们的名字多来自古代圣人、《圣经》或神话中的人物。另外,一些名字还有缩写形式,如 Anthony Charles Lynton Blair(安东尼·查尔斯·林顿·布莱尔)就可缩写成 Tony Blair(托尼·布莱尔)。

在英语国家的学校里,姓一般只用来称呼一些年龄大的男同学。这种称呼现在越来越少见。如果要用姓称呼女学生,姓的前面多要加上 Mrs.(已婚者)或 Miss(未婚者)。

英语国家这种先名后姓的结构可以充分反映其民族强调的个性,显示了个人奋斗,尊重个人独立人格和自我价值体现的个性精神。不过,近些年英语国家的人们开始意识到姓名的重要性,因为从近些年他们发表和刊登的一些著作和论文中,也出现了姓在前,名在后的情况。值得注意的是,这样写的话,就要在英语姓的后面加一个逗号(,),表示这个姓名是颠倒写的,如将 Eugene Albert Nida 写成 Nida,E. A.[①] 相反,中国的传统观念认为,宗族的延续高于一切。所以,代表宗族的姓要比名重要。

(二)中西取名方式的比较

英汉在取名方式方面也有着各自的特点。一般来说,英语人名就是教名和中间名的结合,其形成的方式主要有以下几种。

(1)来自圣经。基督教对整个西方文化有着极为深远的影响,英语中的许多人名均来自基督教的《圣经》。例如,Daniel(丹尼尔),John(约翰),Samuel(塞缪尔),Abram(亚伯兰),Obadiah

---

① 成昭伟,周丽红.英语语言文化导论[M].北京:国防工业出版社,2011:59.

(奥巴代亚)等。

(2)来自古希腊、罗马神话。例如,Helen(海伦),Irene(艾琳),Diana(戴安娜),Jupiter(朱庇特)等。

(3)来自自然万物。例如,Shirley(雪利),Linda(琳达),Olive(奥利弗),Peter(彼得),Calf(卡芙),Dahlia(戴莉娅),Rose(罗斯)等。

(4)来自知识、权威、声誉等。例如,Alfred(艾尔弗雷德),Asher(阿舍),Vivian(维维安),Agnes(阿格尼丝)等。

(5)来自历史人物。例如,Harold(哈罗德),Richard(理查德),Edward(爱德华),Arthur(阿瑟),Lincoln(林肯),Byron(拜伦),Jackson(杰克逊),Monroe(梦露)等。

(6)来自亲朋。例如,在英美国家,还有很多人的名字来自父母亲朋的名字。例如,达尔文(Charles Robert Darwin)的名字就取自其父亲(Robert Darwin)和伯父(Charles Darwin)。这种依据父亲和亲朋命名的方式,使很多人与其父辈、祖辈的名字重复。

尽管英语国家的人名来源十分广泛,但是人们喜爱的并不多,常用的也不过十几个。因此,英语国家人名的重复现象非常普遍。据统计,20 世纪 80 年代使用频率较高的前十个男性人名分别是:John,James,Charles,Henry,David,William,Robert,Andrew,Richard,George。使用频率较高的前十位女性人名分别为:Mary,Jane,Louise,Anna,Elizabeth,Helen,Sarah,Margaret,Lucy,Dorothy。①

对于中国古代的人来说,完整的姓名应包括姓、名、字、号。“姓”主要用于区分一个人所属的氏族血统;“名”则通常表达父母等长辈的寄托和希望,反映取名者的价值观念和价值取向;“字”一般是对“名”的内涵的补充和延伸;“号”是对“字”的进一步解释,多用于自我激励。现代社会中的中国人名一般包括姓和名两个部分。中国人名的来源主要有以下几个途径。

---

① 成昭伟,周丽红.英语语言文化导论[M].北京:国防工业出版社,2011:63.

(1)来自孩子的生辰八字。一些人以孩子出生时的时刻命名,如“子初”“庚生”等;还有一些人将孩子的生辰八字与五行(金、木、水、火、土)进行对照,如果孩子缺水,就在其名字中加“江、河、湖、海、川、泉”等字;如果缺木,就在孩子的名字中加“木”字。

(2)来自孩子出生的时间、天气状况。例如,“春生”“冬生”“冬梅”或“雪英”“小雨”等。

(3)来自孩子在家的排行顺序。例如,“赵二”“李四”等。

(4)来自父母的名字。如果孩子的父亲姓陈、母亲姓林,女儿就叫陈琳。

(5)来自孩子出生的地点。例如,“李沪生”“赵珈音”等。

(6)来自重大事件、纪念某个事件或某个人名。例如,“解放”“建国”“学迪”等。

(7)来自动植物。例如,“鹏”“雁”“燕”“龙”“凤”“虎”;“梅”“花”“松”“荷”“莲”等。

(8)来自贵重金属。例如,“金莲”“银莲”“铁柱”等。

(9)借用外国人的人名。哲学家艾思奇,原名李生萱,后借用马克思的“思”和伊里奇·李宁中的“奇”而取名为“艾思奇”,其谐音为“爱思奇”。①

(三)中西姓氏来源的比较

截至目前,中西方国家究竟有多少个姓,都没有精确的数字。《中国姓氏记编》记载,中国的姓氏有 5 730 个,其中单姓3 470个,双字复姓 2 085 个,三字复姓 163 个,四字复姓 9 个,五字复姓 3 个。而中国台湾出版的《中华姓符》认为,汉语中有姓氏6 363个。然而,与英美国家的姓氏数量相比,中国的姓氏简直是小巫见大巫。据统计,英美国家的姓氏大约有 35 000 个。需要指出的是,中英姓氏数量差别如此巨大,其原因是多方面的,我们不予以详

---

① 卢红梅.华夏文化与汉英翻译[M].武汉:武汉大学出版社,2006:84.

述。这里我们仅对中西姓氏的来源进行比较。

英美国家的人的姓氏来源主要有以下几个方面。

(1)以地名、地貌或环境特征为姓。例如,London,Scott,Heywood(绿色森林),Bloomfield(鲜花开放的原野),Longford(长滩),Ford(福特,为"可涉水而过的地方")等。

(2)以父名加前后缀构成的姓。例如,Dickson,Adamson,Morrison,Robinson,Davidson 等。

(3)以职业为姓。例如,Smith(铁匠),Miller(磨坊主),Pasteur(牧羊人),Butcher(屠户),Carpenter(木匠),Taylor(裁缝)等。

(4)以《圣经》中的人物名和基督教中的圣徒名为姓。例如,James, John, Elliot, Martin, Lawrence, Gregory, Michael,Ellis 等。

(5)以个人特征为姓。例如,Red(红头发者),Grey(面色铁灰或头发银灰者),Long(个子瘦高者),Strong(身体强壮者),Stow(Stout 大块头),Campell(歪嘴)等。

(6)以动物为姓。例如,Wolf(狼),Fox(狐狸),Nightingale(夜莺)等。

(7)以植物为姓。例如,Bush(灌木丛),Rice(稻米),Brome(为"雀麦属植物"),Crabtree(为"酸苹果树")等。

(8)以颜色为姓。例如,White(白色),Black(黑色),Red(红色),Orange(橘黄色)等。

(9)以自然现象为姓。例如,Frost(霜),Snow(雪),Rain(雨)等。

中国人的姓氏主要来源于以下几个方面。

(1)在 2500 多年以前,姓和氏是分开的。当时,男子称"氏",女子称"姓",以"女"为旁,如"姜""姬"等。氏用来表示贵贱,姓用来区别婚姻。只是到了战国以后(公元前 5 世纪以后),姓和氏才合而为一,成了今天的姓氏。

(2)以古国名或地名为姓。例如,"周""夏""齐""鲁""晋"

“秦”“楚”“赵”“屈”等。

(3)以居住地为姓。例如,春秋时期齐国公族大夫分别居住在城郭四周,就以“东郭”“西郭”“南郭”“北郭”为姓。再如,“西门”“柳下”“东门”“欧阳”“南宫”“百里”等。

(4)以官职、职业为姓。夏、商、周三代均设有官职,而官职的后代都是以祖先的官职名为姓的,如“司马”“司徒”“石”“屠”“陶”“卜”“巫”“贾”等。子承父业是中国古代最主要的职业技艺相传手段。而后代也往往以其从事的职业、技艺为姓,如“陶”“匠”“屠”“鸟浴”等。

(5)以数字为姓。例如,“伍”“陆”“百”“万”“丁”等。

(6)以原始部落图腾的动物、植物为姓。例如,“牛”“马”“羊”“鱼”“龙”“熊”“杨”“柳”“花”等。但是汉语中的人名一般不以凶狠的动物为姓,如“狼”。

(7)以借词为姓。这些借词由少数民族姓音译而来,一般为双字姓,如“贺兰”“长孙”“耶律”“呼延”等。

(四)中西姓氏数量的比较

从数量上考虑,英语中的姓要比汉语中的姓氏多很多。据《中华古今姓名大辞典》记载,目前汉语的姓名包括少数民族的姓名共有 12 000 个。而英语的姓大概有 15.6 万个,常用到的就有约 35 000 个。英语国家的姓的数量之所以如此庞大,与其社会、经济状况有密切关系。郑春苗在《中西文化比较研究》一书中就对这一现象展开了论述。

这个时期(18—19 世纪,笔者注),欧洲的城市资本主义经济有了广泛发展,宗法大家庭越来越被小家庭所代替。征兵纳税以及各国之间贸易往来和人口频繁迁徙等因素使个人的地位和作用越来越突出,于是作为解决财产所有权和承担社会权利和义务的姓就必然成为广泛的社会问题,迫使各国政府下令每人都必须有姓。在这种个体小家庭广泛存在的社会条件下,姓名数量就自然比中国人多。

(五)中西姓名亲子关系比较

英汉民族姓名不同,所折射出的人伦关系也不相同。这种差异具体表现为亲子关系的不同:即中国的“孝”和西方的“爱”。

在英美国家中,子女可以直接称呼父母的名字。英美国家中的亲子关系是一种平等、友爱的关系。“爱”是英美人伦关系的核心。英美社会的家族观念一般比较淡漠,家庭结构简单,多是以夫妇为核心的家庭,子女成人后便离开父母,独立生活,父母与子女之间不用互相牵挂。英美国家的人追求自由,子女的意志一般都能得到父母的尊重,父母与子女的关系是平等的、友爱的。

与英美国家相比,中国的宗法观念极为严重,这一点在汉语人名中就有所体现。汉语姓名反映家族本位与血缘宗法观念。在宗法制的社会里,维护家庭的和谐稳定成为基本的伦理目标。作为宗法制的伦理基础和家庭伦理的核心,孝首先可以确保家族得以顺利延续和发展,规定“不孝有三,无后为大”,“生儿育女、传宗接代”是同一姓名家族血脉传承者极其重要的义务,所以子女都要随父姓;其次,孝也是调节几世同堂的大家族复杂的人伦关系的伦理规范,即“夫妻关系”“父子关系”,强调子辈对长辈的绝对顺从,妻子对丈夫的绝对顺从,因此,子女绝不可以直呼父母或长辈的名字;妻子也要将婚前的姓名改为夫姓,名从第一个孩子的名。例如,一个女人叫“张磊妈”,意思是她的丈夫的姓名为“张”,她的第一个小孩的名为“磊”。这个女人已经完全丧失了自我。当然,这种传统的命名方式自改革开放以来就逐渐被抛弃。

二、中西人名文化翻译

(一)人名翻译的原则

1.名从主人原则

名字是一个人的象征,因此在翻译人名时译者首先应该遵从名从主人的原则，对对方的名字有必要的尊重。

在这个原则的指导下，译者尽量按照人名原顺序进行翻译，且在音译时要按照该人名所属语言的读音音译。

汉语人名翻译成英语时，可以根据汉语读音顺序直接用拼音法拼出即可，如将“李白”译为 Li Bai。

英语人名汉译时也采用相同的方法，如将 Maugham White 译为“毛姆·怀特”。

2. 约定俗成原则

在进行人名翻译时，还需要遵循约定俗成的原则。因为很多人名是随着社会发展与人们的习惯而形成的，在翻译时就需要译者按照先前的方式进行，不能进行人名的随意篡改。

例如，Edison（爱迪生），Shakespeare（莎士比亚），宋庆龄（Soong Ching Ling），孙中山（Sun Yat-sen）等。例子中的 Edison 虽然完全可以被译成“爱笛生”或“艾蒂生”，但是“爱迪生”这一译名已广为使用，如果译成别的名字给人感觉不是同一个人了。因此，习惯的力量是约定俗成的，译名更是被我们所接受并一直沿用下来。

（二）人名翻译的方法

1. 一般姓名的翻译

（1）音译

虽然一些中西方人名有某种含义，但人名作为一种符号，这种含义已完全丧失，因此人名通常采用音译法来翻译。一般来说，音译英语人名时要按照其发音及人物性别在汉语中找到合适的汉字对应。例如：

Scarlett O'hara was not beautiful, but men seldom realized it when caught by her charm as the Tarleton twins were…

Seated with Stuart and Brent Tarleton in the cool shade of the porch of Tara, her father's plantation, that bright April afternoon of 1861, she made a pretty picture.

(Margaret Mitchell: *Gone with the Wind*)

斯佳丽·奥哈拉长得并不美,但是男人一旦像塔尔顿家孪生兄弟那样被她的魅力迷住往往就不大理这点……

1861年4月,有一天下午阳光明媚,她在父亲的塔拉庄园宅前门廊的荫处,同塔尔顿两兄弟斯图特和布伦特坐在一起,那模样真宛若画中人。

(陈廷良 译)

用音译法翻译中国人名时可用汉语拼音按照汉语姓名的排列顺序拼写人名,姓和名的第一个字母大写,双姓、双名之间连在一起,无须空格,也无须连字符。例如:

马慕韩一听到朱延年要报告福佑药房的情况,马上预感到他又要大煞风景,在林宛之三十大庆的日子来大力募股了。

(周而复《上海的早晨》)

As soon as he heard Chu Yen-nien say this, Ma mu-han had a presentiment he was going to pour cold water on the proceedings again by vigorously soliciting investments at Lin Wan-chi's thirtieth birthday party.

(A. C. Barnes 译)

(2)威氏拼音法

威氏拼音法,即威妥玛—翟理斯式拼音法(Wade-Giles romanization),是中国清末到1958年汉语拼音方案公布之前,在中国以及国际上流行的中文拼音方案,用于拼写中国人名、地名。威氏拼音法虽然保留了一些英语拼写的特点,但与英语拼写并不完全一致。使用威氏拼音法翻译中国人名也是一个不错选择。例如:

金桂意谓一不做,二不休,越性发泼喊起来了。

(曹雪芹《红楼梦》)

Determined to go the whole hog, Chirt-kuei went on ranting more wildly.

(杨宪益、戴乃迭 译)

(3)释义法

所谓释义法指的是对原文中人名的翻译进行一定的解释。例如：

布帘起处，走出那妇人来。原来那妇人是七月七日生的，因此小字唤做巧云，先嫁了戈吏员，是蕲州人，唤做王押司，两年前身故了。方才晚嫁得杨雄，未及一年夫妻。

(施耐庵《水浒传》)

The door curtain was raised and a young woman emerged. She had been born on the seventh day of the seventh month, and she was called Clever Cloud. Formerly she had been married to a petty official in Qizhou Prefecture named Wang. After two years, he died, and she married Yang Xiong. They had been husband and wife for less than a year.

(Sidney Shapiro 译)

2. 中国人字、号的翻译

(1)字的翻译

汉语中的"字"一般可以与英语爵号对应，翻译成 courtesy title。例如：

林如海笑道："若论舍亲，与尊兄犹系同谱，乃荣公之孙：大内兄现袭一等将军，名赦，字恩侯；二内兄名政，字存周，现任工部员外郎。"

(曹雪芹《红楼梦》)

Ruhai smiled, "My humble kinsmen belong to your honorable clan. "They're the grandsons of the Duke of Rongguo. My elder brother-in-law Jia She, whose courtesy name is Enhou, is a hereditary general of the first rank. My second, Jia Zheng, whose courtesy name is Cunzhou, is an under-secretary in the Board of Works."

(杨宪益、戴乃迭 译)

(2)号的翻译

汉语中的“号”一般可翻译为literary name,pen name。而号的内容则可根据实际情况采取音译、意译等方法处理。例如:

这隐士正痴想,忽见隔壁葫芦庙内寄居的一个穷儒,姓贾名化、表字时飞、别号雨村者,走了出来。

(曹雪芹《红楼梦》)

His rueful reflections were cut short by the arrival of a poor scholar who lived next door in Gourd Temple. His name was Jia Hua, his courtesy name Shifei, and his pen-name Yucun.

(杨宪益、戴乃迭 译)

第二节 中西地名文化差异下的翻译

中西地名由于其来源与内涵的不同,形成了不同的文化形式。下面对中西地名文化差异下的翻译进行总结。

一、中西地名文化差异

地名就是地理名称的简称,也就是对某个具体地物或地理区域的命名。地名通常由专名和通名两部分组成。专名特指某一地理实体并用于区分同类地物的专用语,起定位作用;通名则概括某种地物的共性,起定性作用。

从语言文化角度来讲,地名是某一地物的语言符号,但也是一种文化现象,承载着丰富的文化内涵。例如,我国很多的地名都用龙、虎来命名,如龙门石窟、龙泉、龙岩、虎头山、虎门等。这些都与我国的龙、虎图腾崇拜有关。再如,Washington(华盛顿)是美国首都,这一地名源自领导美国走上独立的第一任总统乔治·华盛顿(George Washington)的名字,反映了美国的历史文化。下面从来源与内涵两个方面对英汉地名文化的差异进行总结。

(一)汉语地名来源及内涵

(1)源自方位与位置。在我国,根据东、南、西、北方向命名的地名有很多,如河南、河北(黄河的南北);湖南、湖北(洞庭湖的南北);山东、山西(太行山的东西)等。此外,我国还有很多地名以阴阳示向,对山而言,南为阳,北为阴,对水而言则恰好相反。如洛阳(位于洛水以北)、衡阳(位于衡山之南)、江阴(位于长江以南)等。除此之外,我国还有很多地方是以河流、湖泊、山脉、海洋为依据命名的,如澳门(位于珠江口,海湾可以泊船的地方为澳,故而得名)、四川(因省内有长江、嘉陵江、岷江、沱江流过,故而得名)等。

(2)源自动植物。我国有很多地名源自动物和植物,如凤凰山、鸡公山、奔牛镇、马鬃山、黄鹤楼、桂林、樟树湾、桃花庄等。

(3)源自姓氏、名字。在我国地名中以姓氏取名的现象十分常见,如李家湾、石家庄、王家屯、肖家村等。此外,我国少部分地名也来源于人名,目的在于纪念一些历史人物,如中山市(来源于革命先行者孙中山)、左权县(来源于革命先烈左权)、靖宇县(来源于革命先烈杨靖宇)、志丹县(来源于革命先烈刘志丹)等。

(4)源自美好愿望。有些中国地名中的某个字眼也表达了人们期盼迹象、平安的愿望,如万寿山、万福河、富裕县、永昌县、安康市、吉安市等。

(5)源自形状和特征。有些地名因其本身的形状和特征而得名,如黄河(因其水中含有大量泥沙而得名)、五指山(因其状如五指而得名)等。

(6)源自矿藏和物产。在我国这类地名很多,如铁山、盐城、钨金县、铁岭、大冶、无锡、铜陵、铜锫山等。

(7)源自移民故乡。中国古代由于各种原因出现过多次大规模的人口迁移活动,这些背井离乡的人们到了新地方后为了怀念故乡,常用原故乡的地名命名新的居住地。例如,北京大兴凤河两岸有长子营、霍州营、南蒲州营、北蒲州营、河津营、屯留营等地名;顺义西北有夏县营、忻州营、河津营、东降州营、西降州营、红铜营等地名,而这些地名原本都是山西的县名。

(8)源自社会用语。例如,怀仁山、秀才村等。

(9)源自其他。实际上,我国地名的来源不仅仅是以上几种情况,还有多种来源,如源自称谓:哑巴庄;源自日用品:铜锣湾、鼎湖山;源自宗教词语:老君山、仙霞关、仙人洞;源自外来词:齐齐哈尔、哈尔滨、呼兰哈达等。

(二)英语地名来源及内涵

(1)源自方位和位置。在西方根据方位来命名地名的现象十分常见,如南斯拉夫(Yugoslavia),其中"南" 表方向,"斯拉夫"是东欧的一个语系,"南斯拉夫"就代表"南方讲斯拉夫语的国家"。

(2)源自动物。在西方,有很多地名源自动物,如坎加鲁岛(Kangaroo Island,因岛上袋鼠成群而得名)、亚速尔群岛(Azores Islands,因海鹰众多而得名)等。

(3)源自姓氏、名字。源于姓氏、人名的地名在西方十分常见,如美国威斯康星州(Wisconsin)首府 Madison(麦迪逊)来源于美国第四任总统詹姆斯·麦迪逊(James Madison);Magellan Strait(麦哲伦海峡)来源于葡萄牙探险家费尔南多·麦哲伦(Fernando Magellan);America(美洲大陆)来源于意大利航海家亚美利戈·韦斯普奇(Amerigo Vespucci)。

(4)源自美好愿望。例如,Pacific Ocean(太平洋)就有着"和平之海"的含义,体现了人们对和平的向往。

(5)源自形状和特征。例如,Holland,Netherlands(荷兰)的意思就是"低洼的土地"。这与荷兰地势低洼的地理特征相吻合。

(6)源自矿藏和物产。例如,美国犹他州(Utah)首府盐湖城(Salt Lake City)因其附近的大盐湖(Salt Lake)而得名。

(7)源自河流、湖泊。例如,美国的 Tennessee(田纳西州),Ohio(俄亥俄州),Colorado(科罗拉多州)等都是根据河流命名的;美国的 Michigan(密歇根州)、加拿大的 Ontario(安大略省)等则是根据相应的湖泊名称命名的。

(8)源自移民故乡。美国是一个移民国家,来自世界各地的人们聚集在这里。美国早期的移民主要来自英国、法国、西班牙等国家。因此,美国有很多地名都与这些国家的地名有关。例如,New York(纽约),New England(新英格兰),New Orleans(新奥尔良),New Mexico(新墨西哥),New Jersey(新泽西),New Plymouth(新普利茅斯)等。这些地名都是在其他国家原有的地名前面加上 new,构成了美国的地名。

二、中西地名文化翻译

在介绍地名翻译的方法之前,我们首先需要明确地名的组成部分。地名通常包括通名和专名两个部分。通名是指能够概括某种地物共性,起定性作用的名称。而专名是指某一具体的、有别于其他类似地物地理实体的专用语,如北京、哥斯达黎加、纽约是专名,而市、岛、湖则是通名。弄清楚这一点对地名的翻译十分重要。

(一)中国地名的翻译

地名翻译往往关系到一个国家的领土主权,因此,我们在翻译中国地名时务必要注意翻译的准确性,以维护我国领土主权和民族尊严。《地名标牌城乡标准》(1999)明确规定了用汉语拼音拼写我国地名。一般而言,纯地名的翻译必须采用汉语拼音,准地名的翻译则在其纯地名部分使用拼音拼写。在名从主人以及《地名标牌城乡标准》的标准下,中国地名的翻译多采用以下几种方法。

1. 音义结合

音义结合是指在翻译地名的专名部分时要用音译,而对通名部分则需要意译。例如:

这人是清河县人氏，姓武，名松，排行第二，今在此间一年矣。

（施耐庵《水浒传》）

He is called Wu Song. He's from Qinghe County, and is the second son in his family. He's been here a year.

（Sidney Shapiro 译）

"'但得一片橘皮吃，莫便忘了洞庭湖！'这条计几时可行？"

（施耐庵《水浒传》）

"'Can one forget Dongting Lake while eating its fragrant tangerine peel? ' When do we start?"

（Sidney Shapiro 译）

2. 音意叠加

地名中的专名为单音节词（不含 n，ng 以外的辅音结尾的单音节）时，通名被看作专名的一个组成部分，与专名一起音译，再重复意译通名。例如：

太湖 Tai Lake

礼县 Lixian county

天池 Tianchi Lake

长江是中国最长的河流。

The Changjiang River is the longest river in China.

当你站在黄山之巅，你会发现周围的山峰云雾缭绕，无限风光，真有会当凌绝顶，一览众山小的感觉。

When you stand on the top of the Huangshan Mountain, you will find yourself filled with passion and ambitions. You will find the world below suddenly belittled.

3. 意译

有些地名的意译名字已经为人们所接受，形成了固定的译名，这时就应该采用这种固定译名。例如：

黄河 Yellow River

香港 HongKong

南海 South China Sea

万寿寺 the Longevity Temple

白云观 White Cloud Monastery

朱雀桥边野草花,乌衣巷口夕阳斜。

(刘禹锡《乌衣巷》)

Wild grasses and flowers sprawl beside Red Sparrow Bridge.

The setting sun is just declining off the Black-Robe Lane.

(转引自廖七一,2005)

相如见到东面一座大宅院墙上写着“聚仁巷”三字,扭头对后面的狗驮子说:“快去通报,说司马相如到了!”

(徐飞《凤求凰》)

Xiangru saw the words Gathering Benevolence Lane carved on the wall surrounding a large walled mansion. He turned to Puppy Carrier, and said, “Quick, go over to the gate of that house and tell them that Sima Xiangru has arrived!”

(Paul White 译)

需要注意的是,地名不能随便意译,尤其是那些描述性的地名,更需要译者格外注意。例如:

“富县”不能意译为 Rich County,而应译为 Fuxian County。

“黑山”不能意译为 Black Mountain,而应译为 Heishan Mountain。

“东风港”不能意译为 East Wind Bay,而应译为 Dongfeng Bay。

“铜陵县”不能意译为 Bronze County,而应译为 Tongling County。

“三江县”不能意译为 Three River County,而应译为 Sanjiang County。

4. 增译

一般来说,翻译要遵循忠实原则,不能随意增删原文信息。

但在翻译某些具有浓厚文化内涵的地名时，将其中的文化内涵增译出来是十分必要的。如果继续采用音译法翻译，就会使译文失去文化内涵，丧失吸引力。概括来说，增译法翻译地名主要有以下两种方式。

(1)用同位结构增译地名的雅称，将同位结构前置或用括号括起来均可。例如：

古城西安 Ancient City—Xi'an

葡萄之乡——吐鲁番 The Grape Land—Tulufan

日光城——拉萨市 the Sun City，Lasha

山城——重庆 a mountain city，Chongqing

(2)在地名后增加非限定性定语从句，注解该地的特点。例如：

山西省盛产煤矿，可译为 Shanxi Province，which is rich in coal。

青岛因啤酒而远近闻名，可译为 Qingdao City，which is famous for its beer。

(二)英语地名的翻译

英语地名的翻译应遵循“音译为主，意译为辅，兼顾习惯译法”的原则。下面举例介绍英语地名的各种翻译方法。

1. 音译

音译法是翻译英文地名的主要方法。翻译时应避免使用生僻词和容易产生联想的词，还要注意不要体现褒贬意义。在翻译英语地名中的专有名词时，通常也采用音译法。例如：

Bellflower(Mont.) 贝尔弗劳尔(蒙大拿)

Ball(La.) 鲍尔(路易斯安那)

Branch(Miss.) 布兰奇(密西西比)

Tendal(La.) 滕达尔(路易斯安那)

Covada(Wash.) 科瓦达(华盛顿)

Goodnight(Tex.) 古德奈特(得克萨斯)

2. 惯译

习惯译名法多用于翻译以人名、宗教名、民族名命名的英语地名。例如：

Oxford 牛津

Cambridge 剑桥

Philadelphia 费城

Brazil 巴西

Burma 缅甸

John F. Kennedy Space Center 约翰·肯尼迪航天中心

3. 意译

意译是表现地名文化内涵的最佳方法。地名的意译通常分为以下几种情况。

(1)英语地名中的通名通常需意译。例如：

Fall City(Wash.) 福尔城(华盛顿)

City Island(N. Y.) 锡蒂岛(纽约)

Goodhope River(Alaska) 古德霍普河(阿拉斯加)

(2)地名中修饰专名的新旧、方向、大小的形容词需意译。例如：

Long Island City(N. Y.) 长岛城(纽约)

Little Salt Lake(Utah) 小盐湖(犹他)

Hot Spring County(Ark.) 温泉县(阿肯色)

Great Smoky Mountains(N. C.—Tenn.) 大雾山(北卡罗来纳田纳西)

(3)由数字、日期构成的地名需意译。例如：

Thousand Islands(N. Y.—Canada) 千岛群岛([美]纽约—加拿大)

Ten Thousand Smokes, Valley of(Alaska) 万烟谷(阿拉斯加)

Four Peaks(Ariz.) 四峰山(亚利桑那)

(4)来自人名的地名中,若人名前有衔称需意译。例如:

King George County(Va.) 乔治王县(弗吉尼亚)

Prince of Wales Island(Alaska) 威尔士王子岛(阿拉斯加)

第三节　中西数字文化差异下的翻译

英汉语言中都包含着数字,中西语言的数字文化也存在着差异,对其的翻译需要采用一定的方法与策略。

一、中西数字文化差异

数字是一种特殊的语言符号,在历史发展过程中,由于受到宗教、社会习俗等因素的影响,部分数字虚化,产生了不同的象征意义,这就使英汉数字中承载的文化信息不完全对称。下面仅选取中西文化中几个典型的数字进行分析。

(一)“三”与 three

1. 中国文化中的“三”

数字“三”在汉语中有着丰富的文化含义。在古代“三”是表示吉祥的玄数,所以有“三军”“三教”“三纲五常”“三朝元老”“三从四德”等说法。“三”与不同的数字搭配可以表示不同的含义。

(1)“三”与“两”合用,表示“少”。例如:“三言两语”“三三两两”等。

(2)“三”与“五”连用,表示“频繁,次数多”。例如:“三番五次”“三令五申”“三五成群”等。

(3)“三”和“四”组成的成语多含贬义。例如:“丢三落四”“说三道四”“朝三暮四”等。

总体而言,汉语中以“三”为首的词语有很多,其中不少词语涉及政治制度、宗教观念、伦理道德等上层建筑的概念，还有不少词语涉及军事地理、社会民俗和社会生活等方面。可以说，“三”在汉语中具有较强的实用意义，如“三民主义”“三三制”“三个代表”等就具有一定的政治意义。

2. 西方文化中的 three

在英语文化中，three 被认为是一个表达完美的数字。它所表达的含义是“起始，中间和结束”，通常被认为是神的象征。这与基督教所倡导的圣父、圣子和圣灵三位一体的宗教文化相关。比如美国有许多教堂被命名为“三一教堂”(Trinity Church)；英国很多大学的学院被命名为“三一学院”(Trinity College)，如剑桥大学的三一学院。英语中还有“Number three is always fortunate.”(三总是一个幸运的数)的说法。

另外，在英语中，数字 three(三)还可以引申出不同的含义。如 three sheets in the wind 用于形容人的酒后醉态，意思是“醉得东倒西歪”；three-ring circus 用来形容乱糟糟的场面，而 three handkerchief 则指催人泪下的伤感剧。

(二)“七”与 seven

1. 中国文化中的“七”

“七”在汉语中是个神圣的数字，人们对它有一种神秘感情，它蕴含着丰富的民族文化内涵。例如，人有“七情”：喜、怒、忧、思、悲、恐、惊；光有七谱：红、橙、黄、绿、青、蓝、紫；音谱有“七声”：宫、商、角、徵、羽、变宫、变商；瑰宝“七珍”指：金、银、琉璃、砗磲、玛瑙、琥珀、珊瑚。

由于人们对“七”的崇拜，由两个“七”组成的“七七”当然更具神秘色彩。据我国古书《太平御览》卷 31 记载，“七月黍熟，七日为阳数，故以麋为珍”。“七月七日为良日”故把它作为庆贺秋收的吉庆日子，汉魏时把这一天作为集会游乐之日。那天还是天宫神仙们聚会的日子,《续齐谐记》载“七月七,织女渡河,诸仙悉还宫”。当然更多的是把这一天视为相爱之人会面的美好日子。

在汉文化中,“七”还与丧事有关。自古汉人对去世的人每隔“七”日祭拜一次,称为“做七”,直到第四十九天为止,共分七个“七”,并有“头七”和“断七”。这主要是受佛教和道教的影响,认为人出生后四十九天魂魄才生成,魂魄散去也要四十九天。

2.西方文化中的 seven

数字 seven 由于同单词 heaven(天堂)从拼写到读音都很接近,因此在英语文化中 seven 通常具有积极的联想意义,往往预示着快乐与幸福。此外,在犹太人的文化中,第七重天为最高,而且上帝就居住在里面。于是便有“七重天”(The Seven Heavens)的说法,还有“七大圣礼”(The Seven Sacraments)、“七大美德”(The Seven Virtues)、“七大精神善事”(The Seven Spiritual Works of Mercy)等词语都使人联想起美好的意义。甚至飞机的型号也带有数字 seven,如波音 737、747、757 等。

(三)“八”与 eight

汉语中,“八”是一个受欢迎的数字,无论在何种情况下,“八”总会带给人愉悦的心情。由于汉语的“八”与“发”谐音,于是数词“8”成了中国人心目中的吉利数。例如,“518”因与“我要发”谐音而成了众多商家竞相争夺的电话号码、车牌号码。日期中凡是月份数或具体日数中含有八的无一例外被大家看作绝佳的良辰吉日。

在西方文化中,英文数字 eight 虽然具有某些历史和宗教含义,但在现代英语中,数字 eight 却没有什么现实意义,也不具有相应的文化关联性。英语 eight 往往与其他词汇一起构成短语,例如:

have one over the eight/be over the eight 酩酊大醉

behind the eight ball 穷途末路,处于不利地位

(四)“十三”与 thirteen

在西方,数字 thirteen 被认为是不吉利的数字,会给人带来不幸。其原因就是与圣经故事中耶稣被他的第十三个门徒犹大出卖有关。所以,在西方国家,人们通常避免使用 thirteen 这个数字。例如,在英美国家中,每月的 13 日都不适宜举行庆典等喜庆活动;宴会上不能 13 个人同坐一桌,也不能有 13 道菜;高楼的第 13 层,用 12A 表示;剧院、火车、飞机等没有第 13 排。相反,在汉语文化中,数字“十三”没有这种文化含义,但随着西方文化的影响,近来这种含义也被国人所接受。

二、中西数字文化翻译

(一)直译

直译就是在翻译过程中将原文中的数字用译入语中与之相对应的数字代替。因此,如果在翻译实践中涉及的两种语言在数字方面完全对等,就可以采用直译法进行翻译。

One day apart seems three autumns.

一日不见如隔三秋。

The temperature rose nine degrees.

气温上升了九度。

To begin with, 30-meter high steel scaffolding is to be placed around the tower.

首先,在塔的周围搭起三十米高的钢制脚手架。

男男女女都七嘴八舌地说出他们的惦记和盼念。

(周立波《暴风骤雨》)

With seven mouths and eight tongues, all were talking together. They tried to tell Hsiao how they had missed him.

(Hsu Meng-hsiung 译)

（二）借用

英汉语言中，有些数字在内容和形式上都十分相似，不但具有相同的意义，还具有相同的修辞色彩，此时在不损害原文含义的条件下，就可以采用借用法进行翻译。例如：

It is six of one and half a dozen of the other.

半斤八两。

The days of our years are three score years and ten.

人生七十古来稀。

吃一堑，长一智。

A fall into the pit, a gain on your wit.

一朝被蛇咬，十年怕井绳。

The burnt child dreads the fire.

（三）意译

每个数字都具有一定的民族文化内涵和特定的表达习惯，如果照搬直译成另一种语言，会使译文晦涩难懂，也不利于读者理解，此时就需要意译。例如：

It's none off my business.

管他三七二十一。

The children was in the seventh heaven with their new toys.

孩子们有了新玩具都高兴极了。

三思而后行。

Look before you leap.

而且这规则是不像现在那样朝三暮四的。

（鲁迅《灯下漫笔》）

And these rules, unlike those we have today, do not change all the time.

（Yang 译）

第四节 中西颜色词文化差异下的翻译

一、中西颜色词文化差异

大自然赋予了人类众多的色彩，但却并非所有语言都具有相应的颜色词。不同的民族语言中，颜色词的数量多少不一。由于历史、文化、风俗习惯的不同，每个民族对颜色的感受也不会完全一样，因而颜色词的使用频率也有所差异。另外，即使是字面意思相同的颜色词，在其各自不同的文化中也存在色彩上细微的差异。

英语中最常用的颜色词有 black，white，red，blue，green，brown，yellow，pink。汉语中最常用的颜色词有黑、白、红、黄、绿、蓝、青、紫等。随着这些颜色词的长期使用，它们所具有的内涵也在不断扩大，产生了许多字面意义背后的联想意义。下面就介绍几组有代表性的色彩词汇的文化对比。

（一）“红”与 red

汉语文化中，“红”象征着热烈、欢快、喜庆、吉祥。民间常用红色装扮喜庆的场合。例如，“红盖头”“红双喜”；牵线搭桥，促成他人姻缘的人被称为“红娘”；过年发的钱被称为“红包”；受到大众欢迎的明星被称为“当红偶像”；戏剧中表示正义忠良的色彩也是红色。除此之外，还有象征无产阶级和革命的“红军”“红旗”“红色政权”“红色娘子军”等。这些都是汉文化中特有的组成部分。

英语中，red 也用来表示庆祝活动。例如：

red-letter day 喜庆日子

pain the town red 狂欢畅饮

roll the red carpet for sb. 隆重欢迎某人

此外，red 还表示“危险”等含义。例如：

red light district 红灯区

to be in the red 亏损

下面就列举一些在英汉语中不同的表达方式。

(1)英语中用 red 而汉语中不用“红”的短语。例如：

red cent 一分钱

red wind 能吹凋树木之风

red gold 纯金，货币

(2)汉语中用“红”而英语中不用 red 的词语。例如：

红茶 black tea

红利 dividend，bonus

红极一时 be well-known for a time

红得发紫 extremely popular

(二)“白”与 white

在中国文化中，尽管白色具有“纯洁无瑕”的内涵，但人们绝不会在婚礼上穿白色服装。因为“黑”和“白”在中国传统文化中往往和恐怖、死亡、悲哀、贫穷、劳而无果等意义联系在一起。例如，在丧礼上贴白纸，穿白衣，戴白帽。镇压无产阶级革命的政权也被称为“白色政权”；没有文化，不识字的人被称为“白丁”；辛苦劳作，徒然枉费的被称为“杨白劳”；贫寒的屋子被称为“白屋”等。

英语文化中，white 象征着纯洁、美丽、雪、快乐、吉利等。例如，英语中用 a white day 来表示“吉日”，用 a white Christmas 来表示“欢快的圣诞节”。这是因为圣诞节是每年的 12 月 25 日，时值冬季。喜爱户外运动的英美人尤其喜欢滑冰、滑雪，而圣诞节就是冬季滑雪的最好时机。因此，如果圣诞节下雪，人们就会欢快地奔向滑雪场，尽情享受滑雪带来的刺激和欢乐。因此，英语中将圣诞节译为 white Christmas 正体现了人民对圣诞节和白色的认识。除此之外，最具代表性的还有，西方婚礼上，新娘通常穿白色婚纱以示纯洁、干净；基督教中的天使也总是以一身雪白的形象出现在人们面前。

(三)"黑"与 black

在传统的中国文化中,黑色并不是一个负面含义的词。在春秋时期,官员都是身穿黑色的朝服,黑色也就成了尊贵、庄严气势的代名词。即使在今天,戏剧中一些人物仍是以黑色或黑色为主色调的脸谱,代表刚直不阿、严正无私和憨厚忠诚的形象,如包拯、李逵、尉迟恭、张飞等。

但是,由于黑色与黑暗相连,因此在日常生活中,黑色又代表着恐怖、无助、黑暗、违法的含义。汉语中有很多以"黑"组成的贬义词,如"背黑锅""黑市""黑店""黑幕""黑帮""黑名单""黑心""黑势力"等。

black 在英语中的含义与汉语中有很多相似的用法。除此之外,黑色在西方国家还代表悲哀的色彩。参加葬礼的人们都要统一穿着黑色的服装。black 还有"没有希望""愤怒"等含义。例如:

black mood 情绪低落

black in the face 气得脸色发紫

black look 恶狠狠地看一眼

(四)"黄"与 yellow

在中国的传统文化中,黄色是一种代表至高无上的色彩。黄色也是帝王的专属色彩。如"黄榜""黄袍加身""黄赦"。随着清政权的倒台,黄色作为皇家专用色彩的历史终于走到了尽头。

在现代汉语文化中,"黄"往往是色情、淫秽、下流、堕落的象征。例如,"黄色书刊"(obscene books blue films),"扫黄"(to blow or get rid of the obscene things)等。

英语文化中,yellow 一般用来表示胆怯的、卑鄙的、靠不住的、妒忌的、(报刊等)采用耸人听闻手法的/做低级渲染的等。例如:

have a yellow streak 懦怯、胆小、卑鄙的行为

yellow alert 空袭、预备警报

yellow belly 可鄙的胆小鬼

yellow looks 可怕的脸色,诧异的眼神

(五)“绿”与 green

在汉语文化中,“绿”象征着年轻的、新的、未成熟的、健壮的、永恒的。例如,朱自清的散文《绿》中有这么一句“那醉人的绿呀,仿佛一张极大极大的荷叶铺着……”作者用“醉人”一词来形容绿色,可见绿色在中国传统文化中象征着清新和勃勃生机。

现在在人们的生活中经常会出现与“绿”相关的词汇是绿色蔬菜、绿色无污染、绿色出行等,这些都与环保有着不可分割的联系。

汉语中还有一个不得不说的词汇——绿帽子,这是一个在中国象征着嘲笑和屈辱的词汇。指的是那些出轨妻子的丈夫。

在英语文化中,green 象征着新的、年轻的、嫉妒的、知识浅薄、可行等。例如:

green with envy 嫉妒

as green as grass 无生活经验的

in the green 青春期

a green old age 老当益壮

综上所述,英汉语言中的文化差异是巨大的。这些文化差异直接影响了词汇的联想意义以及词汇的修辞。这些联想意义不是词语本身所固有的语义,而是词语长期使用而附着的结果,是词语历史文化的沉淀,反映了语言所从属的民族文化传统。由于这种意义不是直观的,而是潜在的,隐藏于整个民族文化背景和具体语境之中,因而很难在一般词典中查到。但我们仍需深入了解英汉文化之间的异同,尽可能多地掌握它们的全部意义,只有这样,才能准确、恰当地运用。

二、中西颜色词文化翻译

(一)直译法

英语和汉语的颜色词基本可以分为三类:基本颜色词、实物颜色词和色差颜色词。英汉民族对基本颜色词的分类基本相同,也就是说,英语的基本颜色词有 red,white,black,green,blue,yellow,purple。而与这些颜色词相对应的汉语颜色词有黑、白、红、黄、绿、蓝、紫。从所反映的色彩的物理属性来看,这些英汉基本颜色词的词义基本一致。因此,当英语中的某个颜色词和汉语中的某个颜色词在语义上相同的时候,我们在翻译的时候就可以保留颜色词进行直译。例如:

white sugar 白糖

black market 黑市

green tea 绿茶

blue-collar workers 蓝领阶层

(二)替换法

当英语中的某一个颜色词与其相对应的汉语颜色词的语义存在不同或者差异比较大时,或者是文化内涵不同时,译者应该在深入了解该颜色词的文化内涵的基础上,根据译入语的表达习惯改换颜色词进行翻译。例如:

blue joke 黄色笑话

black and blue 青一块,紫一块

brown bread 黑面包

红糖 brown sugar

红茶 black tea

红葡萄酒 purple wine

(三)意译法

采用意译法对颜色词进行翻译主要分为两种情况:一种是去掉颜色词意译,另一种是增加颜色词意译。

1. 去掉颜色词意译

当颜色词出现于习惯表达中,并具有特殊的引申意义时,我们在翻译过程中可以忽略原文的颜色词,根据原文的意思进行意译。例如:

He has white hands.

他是无辜的。

I dislike Tom, for he is a yellow dog.

我讨厌汤姆,他是个卑鄙小人。

2. 增加颜色词意译

在翻译时,有时原文中虽然没有直接使用颜色词,但是我们可以根据译文的表达需要以及原文意义,适当增补颜色词。例如:

make a good start 开门红

wedding and funeral 红白喜事

负债 be in the red

重要的日子/节日 red-letter day

繁文缛节　red tape

暗淡的前途 black future

第五节　中西自然词文化差异下的翻译

用于描述天然的或非人为的词汇即为自然词汇。这些表物象的自然词汇往往被不同民族赋予了不同的文化内涵。下面就选取其中较具代表性的风月文化进行对比与翻译研究。

一、中西自然词文化差异

(一)风文化的对比

风是自然界中的常见景物,在英汉语言中也时常出现,但是二者的内涵却不尽相同。下面从东风和西风两个层面进行说明。

1. 英汉"东风"的文化差异

由于英国受大西洋影响,因此从东面吹来的是相对寒冷的风。由此,英语中的 east wind 经常与寒冷相连。这种冷风人们并不喜爱,这在很多文学作品中也有体现。例如:

a piercing east wind(刺骨的东风)

(Kirlup)

How many winter days I've seen him, standing bluenosed in the snow and east wind!

多少个冬日里,我都看见他,鼻子冻得发紫,站在冰雪和东风中!

(Charles Dickens)

与英语中 east wind 的含义不同,汉语文化中的"东风"常常和温暖、希望相联系,表达出人们的美好愿景。由于中国东部临海,西部面对高山,大部分地区属于温带大陆性气候,因此有"东风送暖""西风凛冽"的说法。东风一般为春天吹来的风,此时万物复苏,一切都欣欣向荣。很多文人墨客多喜春风所带来的美好感受,留下了很多动人的诗作。例如:

春日独酌

唐·李白

东风扇淑气,水木荣春晖。
白日照绿草,落花散且飞。
孤云还空山,众鸟各已归。

彼物皆有托，吾生独无依。

对此石上月，长醉歌芳菲。

除了上述东风所代表的希望之意，其还通常用来表述冲破寒冬的革命气势，以及事物成功的必要条件等含义。

2. 英汉“西风”的文化差异

与东风相对，英汉两种语言中的西风也各有其独特的内涵。

由于英国濒临大西洋，从西南方面吹来的风一般为温暖的风，因此 west wind 有温暖之意，有着欣欣向荣的内涵。这个意象在西方很多诗句中均有体现。例如：

O, wind, If winter comes, can spring be far behind?

(*Ode to the West Wind*)

上述诗句出自英国浪漫主义诗人雪莱，在其著作《西风颂》中，他借用 west wind 表达了自身的希冀，希望 west wind 能够吹散沉睡的大地，突出了自己对美好生活的希望和坚定的决心。

在中国文化中，“西风”有着丰富的文化内涵，主要表现在以下几点。

西风象征着寒冷。东风送暖，西风送寒。在汉语中，西风给人一种萧瑟之感，在诗作中这种意象也时常出现。例如：

早秋

唐·许浑

遥夜泛清瑟，西风生翠萝。

残萤栖玉露，早雁拂金河。

高树晓还密，远山晴更多。

淮南一叶下，自觉洞庭波。

西风象征破坏者。由于西风的寒冷，在其作用下，很多事物会被破坏和摧残。例如：

忆秦娥

宋·李清照

临高阁，乱山平野烟光薄。

烟光薄，
栖鸦归后，暮天闻角。
断香残香情怀恶，西风催衬梧桐落。
梧桐落，
又还秋色，又还寂寞。

西风用于指代一种势力或倾向。在汉语中，西风还用于指代一种倾向或者势力。例如：

看牛鬼蛇神，
正节节溃败，
东风浩荡西风衰。

（贺敬之《伟大的祖国》）

西风烘托伤感的气氛。很多诗人都将自身的悲凉借西风表达。例如：

浣溪沙
清·纳兰性德
谁念西风独自凉，
萧萧黄叶闭疏窗。
沉思往事立残阳。
被酒莫惊春睡重，
赌书消得泼茶香。
当时只道是寻常。

（二）月文化的对比

月亮是一种客观存在，但英汉两种语言中对月亮的联想却不尽相同，因此便形成了不同的月亮文化。

英语中的月亮主要作为一种客观事物，并无太多文化内涵寄于其中。下面主要对汉语中的月亮文化进行说明。由于月有阴晴圆缺，因此文人墨客经常将其和各种意境与情绪相连，表达自身的感受。具体来说，汉语中月亮的文化内涵主要表现在以下几个方面。

(1)月亮象征思念。例如：

今夜月明人尽望，不知秋思落谁家？

(王建《十五夜望月》)

All people look up at the bright full moon tonight,
Knowing not whom the autumn homesickness falls on.

(郭著章　译)

(2)月亮象征人的高洁品质。例如：

醉月频中圣，迷花不事君。

(李白《赠孟浩然》)

You'd better rather be frequently drank with the moon.
More than serving the power you love the bloom.

(3)月亮象征美人或恋情。例如：

垆边人似月，皓腕凝霜雪。

(韦庄《菩萨蛮》)

Beside the wine-warmer, someone like the moon,
Pale arms two drifts of frozen snow.

(文殊《诗词英译选》)

(4)月亮象征哲理的启迪。例如：

人生代代无穷已，江月年年只相似。

(张若虚《春江花月夜》)

Ah, generations have come and pasted away;
From year to year the moons look alike, old and new.

二、中西自然词文化翻译

(一)风文化的翻译

由上文中英汉语言中风文化的对比可以发现，二者的内涵和表达的感情都有所不同，因此在具体的翻译实践中，译者需要根据语境找到源语对应的译语表达形式，从而准确传达原文的文化含义。下面主要以汉语实例进行说明。例如：

东风夜放花千树，更吹落、星如雨。

（辛弃疾《青玉案 元夕》）

One night's east wind adorns a thousand trees with flowers
And blows down stars in showers.

（许渊冲 译）

针对上例中出现的“东风”的意象，译者采用直译法将其译为英语中的 east wind。虽然英汉语言中东西方的内涵不同，但是直译的方式有助于英语读者了解东方的文化表达，促进文化的沟通与理解。

（二）月文化的翻译

考虑到月文化的丰富内涵，下面仍旧以汉语例子为主，对月文化翻译的方法进行总结。

(1)直译。例如：

静夜思
唐·李白
床前明月光，
疑是地上霜。
举头望明月，
低头思故乡。

译文一：

I wake, and moonbeams play around my bed,
Glittering like hoar-frost to my wandering eyes;
Up towards the glorious moon I raise my head,
Then lay me down—and thoughts of home arise.

（Giles 译）

译文二：

In front of my bed the moonlight is very bright.
I wonder if that can be frost on the floor?
I lift up my head and look at the full moon, the dazzling

moon.

I drop my head, and think of the home of old days.

(Amy Lowell 译)

译文三：

So bright a gleam on the foot of my bed—

Could there have been a frost already?

Lifting myself to look, I found that it was moonlight.

Sinking back again, I thought suddenly of home.

(Witter Bynner 译)

上述三种译文都选用直译的方式，将明月进行了翻译。需要注意的是，在进行直译时，不能减少或增加原文中的文化内涵，从而增加译文的准确性。

(2)意译。例如：

(好事终)画梁春尽落香尘。擅风情，秉月貌，便是败家的根本。箕裘颓堕皆从敬，家事消亡首罪宁。宿孽总因情!

(曹雪芹《红楼梦》第五回)

The Good Things Have an End

Perfumed was the dust that fell

From painted beams where springtime ended

Her sportive heart

And amorous looks

The ruin of a mighty house portended

The weakness in the line began with Jing;

The blame for the decline lay first in Ning;

But retribution all was of Love's fashioning.

(霍克斯 译)

对于上述例子中出现的“月貌”，译者采用了意译的方式阐述出了其文化内涵，这样有助于读者对原文的把握。

第五章　中西语言句法文化差异下的翻译

句子可用来表达较完整的意义，是一种重要的语言信息单位。中西语言由于受到思维方式、价值观念等因素的影响，在句法文化方面也往往表现出较大差异。本节就对此展开研究，首先探讨主位显著和主题显著的差异以及关联照应差异，然后探讨中西语言句法翻译策略。

第一节　主位显著和主题显著的差异

概括来说，汉语是主题显著的语言，其核心句型是主题＋述题；英语是主语显著的语言，其核心句型是主语＋谓语。

一、汉语的主题显著

汉语语言学家对汉语句子的结构进行了深入分析与研究后指出，汉语句子半数甚至半数以上都可分为主题与述题两部分。具体来说，主题部分引出话题(topic)，述题部分是对主题的进一步说明或评论(comment)。因此，话题和说明是汉语句子结构的两个支柱，汉语主语与谓语之间的关系更多的是话题和说明的关系，它们共同维持汉语构架的稳定性。正因为如此，汉语外形结构与 T—C 两分结构相符合。这种句式结构对于汉语的影响可谓源远流长。

二、英语的主语显著

英语的主语显著主要表现在以下两个方面。

（一）主语的物称倾向

英语句子的主语常常体现出“物称倾向”。施事主体为物的情况在英语中比较常见，这些句子的存在主要是由于修辞的存在，主要分为无拟人化、半拟人化以及拟人化三种。其中，拟人化的句子使语气更加含蓄、幽默，句子更加流畅，结构更加严谨。然而，汉语还是注重将这些转化成主语为人，这更符合汉语的表达习惯。

（二）主语的重要性

主语在英语句子中占据重要位置，发挥着“牵一发而动全身”的效果。这主要表现在以下四个方面。

（1）主语决定谓语的形式。

（2）主语是谓语描述的对象。

（3）主语必须是名词性的。

（4）所有的句子必须有主语。

概括来说，英语主语可以分为形式主语、主题主语、施事主语和受事主语四类。其中，施事主语和受事主语是真正语义上的主语。正是因为主语的统领地位，使英语形成了三分结构，即动词为英语句子的核心，前为施动者，后有受动者。施动者、动作内容和受动者三者在叙述意义完整的事件时是不能缺少的。

因此，现代英语的句式结构大致归纳为以下五种基本句型。

1. SV（主谓结构）

主语（Subject）＋谓语（Verb）。谓语一般是不及物动词。例如：

The boy is crying.
主语 谓语

2. SVO（主谓宾结构）

主语（Subject）＋谓语（Verb）＋宾语（Object）。谓语一般是

及物动词。例如：

He　　　takes out　　　his money.

主语　　　谓语　　　宾语

3. SVP(主系表结构)

主语(Subject)＋系动词(Link verb)＋表语(Predicate)。系动词一般用来表示状态或者变化。例如：

The girl　　　looks　　　beautiful.(表状态)

She　　　turns　　　ugly.(表变化)

主语　　　系动词　　　表语

4. SVOO(主谓双宾结构)

主语(Subject)＋谓语(Verb)＋间接宾语(Indirect object) ＋直接宾语(Direct object)。在一般情况下，间接宾语去掉后不会影响句子，直接宾语一般用物品来充当。例如：

He　　　gave　　　him　　　a book.

主语　　　谓语　　　间接宾语　　　直接宾语

5. SVOC(主谓宾补结构)

主语(Subject)＋谓语(Verb)＋宾语(Object)＋补语(Complement)。补语的作用是为了补充说明宾语的身份、特点、动作等，一般是名词、形容词、副词、介词短语等。例如：

You　　　should keep　　　the room　　　clean.

主语　　　谓语　　　宾语　　　补语

大体上来讲，上述五种句型都与三分结构的划分相符合。英语中的任何句型，不论是单句还是复句，都基本上是通过以上五种句型演变而来的。其中，SV 是唯一一个可以两分的结构。需要注意的是，这种完全两分的句子在英语实践中并不多见。例如，在这种句型的实际运用过程中，常将不及物动词转化为名词，体现出 SVO 的句型特点，如“We walked.”常表述为“We took a walk.”。

在英语句子结构中,SVO句式叙述了一个完整的事件,体现了意义的完整性,是最为典型的代表。其中,主语为施动者,宾语为受动者,动作由谓语动词加以体现。不难发现,SVOC与SVOO是由SVO句式拓展而来的。补语C对宾语O进行补充,OC合称为复合宾语,也就是进一步对事件中的受动者展开说明。直接宾语与间接宾语结合构成双宾语,即由最初的单一受动者变为直接与间接两大受动者。由此可以看出,SVOC与SVOO均与SVO的三分结构相符合。

第二节　关联照应差异

关联照应是一个含义十分广泛的概念,凡与句子内部信息之间的衔接方式相关的内容都属于关联照应的范畴,如句内信息的连接方式、修饰语与被修饰语的前后位置关系等。由于英语与汉语在语法要求、句法结构方面的差异,句子内部的关联照应也有诸多不同。

一、连接方式差异

很多学者都认为,汉语与英语在关联照应方面的差异集中体现在连接方式上,即形合与意合的差异。

(一)汉语的意合

根据《世界图书英语大词典》(*The Word Book Dictionary*),意合(parataxis)是指“The juxtaposition of clauses or phrases without the use of coordinating or subordinating conjunctions, for example: It was cold; the snows came.”,即句间与句内的联系主要依靠意义之间的逻辑关系。

与英语中的以形显义形成鲜明对比的是,汉语往往呈现出形散神聚的特征。具体来说,顺序标志词、逻辑关系词等明显的连接形式在汉语中较少出现,句子的含义常常通过动词来表示,且读者往往需要进行积极思考才能将句子的内在逻辑关系梳理清楚。例如:

我从此便整天地站在柜台里,专管我的职务。虽然没有什么失职,但总觉得有些单调,有些无聊。掌柜是一副凶脸孔,主顾也没有好声气,教人活泼不得;只有孔乙己到店,才可以笑几声,所以至今还记得。

(鲁迅《孔乙己》)

不难发现,本例中先后使用了"虽然""但""所以"等关联词。尽管如此,读者要想准确把握句间的内在含义,就必须亲自体会与分析。

(二)英语的形合

根据《美国传统词典》(*American Heritage Dictionary*),形合(hypotaxis)是指"The dependent or subordinate construction or relationship of clauses with connectives, for example, I shall despair if you don't come."即语法手段是英语句子之间的主要连接方式。

具体来说,以形显义是英语句法的重要特征。为了满足句意表达的需要,有时应将句子中的词语、短语、分句或从句进行连接,英语常采取一些语法手段,如关联词、引导词等,以此来从意义与结构两个方面实现句子的完整性。例如:

On campuses all across the United States, Americans who lectured and studied in China in the 1930s and 40s today are invigorating our own intellectual life—none of them with greater distinction than Professor John K Fairbank, who honors us by joining my traveling party.

今天在美国的各个大学里,曾经于 20 世纪 30 年代和 40 年代在中国讲学并做过研究的美国人正活跃着美国的学术生活。

他们中间最有名望的是费正清教授，他这次同我们一起访华，使我们感到荣幸。

本例中，Americans are invigorating 是句子的主干结构。其中，主语是 Americans，谓语是 are invigorating。此外，本例中还有两个定语从句，即用来修饰 Americans 的 who lectured and studied in China in the 1930s and 40s 及用来修饰 Professor John K Fairbank 的 who honors us by joining my traveling party。可见，例句不仅含有较多介词、代词与名词，还具有较为复杂的结构，但其内在的逻辑关系却十分清晰，这正是英语形合的典型特点。

二、语序差异

汉语是分析型语言，语序整体上较为固定；英语是以综合型为主，向分析型过渡的语言，语序相对稳定，同时又有灵活变化。汉英句子在语序上的差异主要体现在状语与定语的位置上。

（一）状语位置差异

1. 汉语状语的位置

在汉语句子中，状语一般位于主语之后，谓语之前。有时，为了强调，汉语中可以将表示时间、处所、范围、条件、情态、关涉对象的状语放在主语之前。例如：

她在阅览室查阅资料。

昨天他已经检查三遍了。

我这辈子从没听过这种废话！

通过投票，他担任了公司总经理。

句子中多个状语连用时，汉语的顺序一般是先时间、后地点；先大概念、后小概念。例如：

英国伦敦爆发罢工潮。

按照市场行情及时进行价格调整。

四月一日午夜，奇迹终于发生了。

玛丽在实验室里认真地做专题实验。

会议代表昨天上午在会议室热烈地讨论了朱总理的报告。

2. 英语状语的位置

与汉语相比，英语的状语位置则相对复杂，单词构成的状语一般可以放在动词前，也可以放在动词后，根据需要可放在句首或句尾。例如：

To everyone's surprise, he refused.

让每个人都感到惊讶的是，他拒绝了。

Given bad weather, I will stay at home.

假如天气不好，我就待在家里。

His father became so angry that he couldn't speak.

他的父亲气得说不出话来。

She can never speak English without making serious mistakes.

说英语她总是出大错。

句子中多个状语连用时，英语的习惯语序是先单词、后短语，先地点、后时间，先小概念、后大概念。例如：

She went out of the room at a quarter to 22:00 last night and then disappeared into the dark.

她昨晚十点从房间里出来，然后消失在黑暗中。

John was born in Chicago in 1975.

约翰于 1975 年生于芝加哥。

She did her work here last night.

她昨晚在这里做了她的工作。

（二）定语位置差异

1. 汉语定语的位置

汉语的定语一般位于中心词前，且修饰语不会太长，数量也不会太多。例如：

一个温和、可爱的熟人

广泛的国际教育交流

宁静的绿色田野

变化了的世界

武装部队

有时，汉语中会出现多个定语修饰中心词的现象。多重定语的顺序应遵循下面的规律。

(1)多种定语通常根据逻辑关系来排序，和中心语言关系越紧密的定语离中心语位置越近。例如：

那个穿黑色西装的北方人是我的高中同学。

地处塔里木盆地边缘的生产哈密瓜的小镇很热闹。

(2)结构复杂的定语通常位于结构简单的定语前面。例如：

刚从国外进口的教学用的数码录音设备

新分配来的英语老师

(3)带标志"的"的定语通常位于不带标志"的"的定语前面。例如：

黑色的呢子大衣

高浓度的有害液体

2. 英语定语的位置

英语句子中定语的位置与汉语有很大的不同。英语单词作定语一般位于名词前(特殊情况下需放在名词后)，短语与从句作定语时大多位于名词后(少数情况，也可将词组放在名词前)。例如：

an epoch-making event 划时代的事件

a just case 正义的事业

Words are living things, the very bodies in which ideas and emotions become materialized.

文字是有生命的东西，是体现思想和情感的实体。

Some of the suggestions Bill made are worth studying.

比尔提出的一些建议值得研究。

英语中定语的先后次序通常遵循下面两个原则。

(1)多个形容词定语的排列顺序为:数量—外观—形状—年龄—颜色—国籍—材质—用途。例如:

The gallery is having a show of French oil painting.

画廊正在展示法国油画。

Her sister was in a snappy little red dress.

她的妹妹穿着一件漂亮的小红裙。

(2)多个不同词类的前置单词定语的排列顺序为:限定词定语—形容词定语—分词定语—动名词定语—名词定语。例如:

Mark Twain was a famous American writer.

马克·吐温是一位著名的美国作家。

需要注意的是,英语中有些形容词的次序较为特殊。例如,表示颜色的形容词需放在表示情感特征与性格特征的形容词后面,如 a big furry brown dog;描述身体特征的形容词需放在表示情感特征与性格特征的形容词前面,如 the pale anxious patients 等。

汉英两种语言中如果同时有两个或两个以上的单词定语位于所修饰的名词前,其顺序是不同的。汉语通常是将最能说明事物本质的放在最前面,而将表示规模大小、力量强弱的放在后面。与之相反,英语习惯将说明事物本质的定语放在最接近其所修饰的名词的位置。翻译时应注意调整。试比较下面几例。

一张红木小圆桌 a small red wooden table

发达的公共交通系统 an excellent public transportation system

一位中国现代优秀作家 an outstanding contemporary Chinese writer

第三节　中西语言句法翻译策略

英语的句法比较丰富，如比较句、否定句、被动句、从句以及结构较为复杂的长句等。不同的句法具有不同的功能与意义，所采取的翻译策略也不尽相同。

一、比较句的翻译策略

在英语中，比较结构具有多种不同的表现形式，句型较为复杂。翻译时，应对其进行仔细分析，在正确理解的前提下，准确地传递出原文意义。由于常见的比较结构，即 subject＋be/V.＋comparative degree＋than＋object 比较容易理解，翻译起来也容易，如"He is taller than me."（他比我高），因此这里不再介绍。下面主要介绍意义上容易混淆的比较结构的翻译策略。

（一）as…as…及其衍生句型的翻译策略

1. as…as…句型的翻译策略

as…as…句型表示两者比较程度相同，因此翻译时，一般可译为"……和……一样……"。例如：

The economic development in our country is as stable recently as formerly.

最近，我国的经济发展和以前一样稳定。

2. not as (or so)…as…句型的翻译策略

not as (or so)…as…句型表示两者的程度不同，前者不如后者，因此一般可译为"……不如……"。例如：

People are not so honest as they once were.

人们现在不如过去那样诚实了。

3. not so much…as…句型的翻译策略

not so much…as…句型一般译为“与其说……不如说……”。例如：

The oceans do not so much divide the world as unite it.

与其说海洋把世界分割开来，还不如说是把世界连接在一起。

4. not so much as…句型的翻译策略

not so much as…句型通常可以译为“甚至没有……”“甚至不……”。例如：

She hadn't so much as her fare home.

她甚至连回家的路费都没有了。

（二）more…than…句型的翻译策略

1. more than…句型的翻译策略

英语中 more than…句型之后所跟的词性不同，意义也不同，如后接名词或动词，意思是“不只是……”，后接形容词、副词或分词时，意思是“非常，极其”；后接数词时，意思是“多于……”“……以上”；翻译时应根据具体情况选用不同的汉语词语。例如：

I have more than ten dollars in my pocket.

我口袋里还有十多美元。

He more than smiled, but laughed.

他不只是微笑，而是放声大笑。

She was more than upset by the accident.

这个意外事故让她非常心烦。

2. more A than B 句型的翻译策略

more A than B 句型一般用于比较同一个人或事物的两个不同

性质或特征，翻译时可译为汉语中的“与其说 B，不如说 A”。例如：

He is more a writer than a teacher.

与其说他是老师，不如说他是作家。

3. no more… than… 句型的翻译策略

no more… than… 句型在意义上表示对两者的否定，因此可译为汉语的“和……一样不”“既不……也不……”“……和……两者都不”“不……正如……”。例如：

Her grammar is no better than me.

她的语法同我的一样不好。

I am no more a poet than he is a scholar.

我不是诗人，正如他不是学者一样。

(三)比较级+than to do…句型的翻译策略

英语比较级+than to do… 句型一般可翻译为“不至于做某事”。例如：

You ought to know better than to go swimming on such a cold day.

你不至于这么冷的天去游泳吧。

I have more sense than to tell her about our plan.

我不至于傻到会把我们的计划告诉她。

二、否定句的翻译策略

英语中的否定形式相当灵活。常见的英语否定句主要包括全部否定、部分否定、双重否定等。在对否定句进行翻译时，应对原否定结构进行仔细分析，准确理解其真正含义以及否定词所否定的对象或范围，结合其逻辑意义，选用合适的翻译策略进行翻译。

(一)全部否定的翻译策略

全部否定是对句子否定对象进行全盘、彻底的否定。英语中常用的全部否定词和词组包括 no, not, never, none, nothing, nobody, no one。在翻译全部否定句式时,通常可直接翻译全部否定词,但应确保符合译入语表达习惯。例如:

Nothing in the world moves faster than light.

世界上没有任何东西比光的速度快。

None of the answers are right.

这些答案都不对。

I had never heard anyone talk about a product the way he talked about coffee.

我以前从未见过有谁像他谈论咖啡那样谈论某些产品。

(二)部分否定的翻译策略

部分否定指的是整个句子的意义部分是肯定意义,部分是否定意义。部分否定句式一般由代词或副词与否定词组合而成。这些代词或副词有 both, every, all, everything, everybody, entirely, wholly, everywhere 等。英语部分否定句式一般可以译为"不都是""不总是""并非都""不一定总是"等。例如:

I do not want everything.

我并不是什么都想要。

Not every conclusion can hold water.

并非每个结论都能站得住脚。

(三)双重否定的翻译策略

双重否定是两个否定词连用,否定同一个单词,或一个否定词与一些表示否定意义的词连用,由于其否定意义相互抵消,从而使句子获得肯定意义。双重否定句式一般有两种译法:译为汉语的双重否定;译为汉语的肯定句。例如:

No less than forty people were killed in the accident.
事故中多达四十人死亡。
No one has nothing to offer to society.
人人都可以为社会奉献点什么。

三、被动句的翻译策略

由于英汉两种语言在表达被动时存在很多差异，翻译时应了解这些差异，选取恰当的翻译策略来翻译，使译文与译入语表达习惯相符。英语被动句主要有以下几种译法。

（一）增添主语

如果英语被动句中没指明动作的执行者，翻译时，可适当增添一些诸如“有人”“人们”“大家”“众所周知”等泛指性主语。例如：

Mr. Yao Ming has been accepted as a leading basketball player in China.

大家已经把姚明公认为中国篮球的领军人物。

（二）译为汉语被动句

如果英语被动句形式比较单一，可以译为含有被动标记的汉语被动句。例如：

He had been fired for refusing to obey orders from the head office.

他因拒绝接受总公司的命令而被解雇。

The little boy was scolded by his mother for his smoking.

因为吸烟，这个小男孩挨了妈妈的骂。

（三）译为汉语无主句

英语结构严谨，受严格的主、谓、宾结构限制，而汉语表达较为灵活，有时可以省略主语。因此，有时，英语的被动句还可译为汉语的无主句，使译文更符合汉语的表达特点。例如：

You are requested to finish this task before tomorrow evening.

请你在明天晚上之前完成这项任务。

Decision has been made at the meeting of the board.

在董事会上已经做出了决定。

（四）译为汉语主动句

英语被动句译为汉语主动句也是十分常见的方法。这种译法通常不译出“被”字，以确保译文的通顺，消除误解。例如：

Fifteen people had been saved by the rescue team in the fire.

在火灾中，救援小组已救出十五个人。

The boat was soon lost sight of in the fog.

不久小船在雾中看不见了。

四、从句的翻译策略

从句主要有状语从句、名词性从句、定语从句等，这些从句又可做进一步的划分。不同的从句，其翻译策略也有所不同。

（一）状语从句的翻译策略

按照状语从句在主从句中的意义，状语从句主要可分为目的状语从句、条件状语从句、原因状语从句、时间状语从句、让步状语从句等。下面分别讨论其翻译策略。

1. 目的状语从句的翻译策略

英语目的状语从句有以下两种译法：译为表“目的”的前置状语分句；译为表“目的”的后置状语分句。例如：

Close all of the windows and doors for fear that the house is wet in the rain.

把所有的窗和门都关上，以防房子下雨淋湿。

The teacher spoke loudly so that he could be understood by the students in the back row.

为了让后排学生听到,老师说得很大声。

2.条件状语从句的翻译策略

条件状语从句翻译时,通常会将从句放在主句之前,由如果、加入、万一、要是等关联词来引导。有时,可省略关联词。如果条件状语从句与主句关系不太紧密,可以放在主句后面。例如:

Presuming that he is innocent, he must be set free.

假如他是无罪的,就应当释放他。

We should esteem it a great favor if you would afford them the necessary information.

如果你能为他们提供必要的信息,我们将不胜感激。

I'm happy if you are happy.

你高兴,我就高兴。

You can stay here tonight, if you can hear the noise outside.

今晚你可以留在这里,如果你能忍受外边的噪音。

3.原因状语从句的翻译策略

原因状语从句一般有以下译法:译为因果偏正句的主句;译为表原因的分句。例如:

Since you have known the cause of the fire, I won't speak more of it in the report.

既然你已经知道了这次火灾的起因,我在报告中就不多说了。

Because he was convinced of the accuracy of this fact, he stuck to his opinion.

他深信这件事正确可靠,因此坚持己见。

4.时间状语从句的翻译策略

关于时间状语从句的翻译,这里以 when 引导的时间状语从句为例加以说明。在对以 when 引导的时间状语从句进行翻译时,应注意考虑其所处的语境,理解深层含义,采取不同的译法。例如:

When she spoke,the tears were running down.

她说话时,泪流满面。

I promise to finish the assignment you give me before I leave for Rome for my trip.

我答应在动身去罗马度假前完成你所交给的任务。

When you have driven a Jaguar once, you won't want to drive another car.

只要你开过一次捷豹牌汽车,你就不会再想开其他牌子的汽车了。

I will give you a call as soon as they are with us to arrange an appointment for you to collect your glasses.

对方一和我们安排好时间,我就会打电话给你让你来提货。

You can see in many American films that the Negro slaves sang as worked.

你可以在很多美国电影中看到,黑奴一边劳动一边唱歌。

Turn off the switch when anything goes wrong with the machine.

如果机器发生故障,就立即把开关关上。

5.让步状语从句的翻译策略

英语让步状语从句可译为表"无条件"的状语分句,也可译为表"让步"的状语分句。例如:

Whether you like it or not, you have to finish the task in time.

无论你喜欢与否,你都必须及时完成这个任务。

While this is true of some, it is not true of all.

虽然有一部分是如此,但不见得全部是如此。

Whoever violates the disciplines, he should be punished.

无论谁违反了法律都该受到批评。

(二)名词性从句的翻译策略

名词性从句主要包括宾语从句、主语从句、同位语从句以及表语从句。下面分别介绍这些从句的翻译策略。

1. 宾语从句的翻译策略

翻译以 what, that, how 等引导的宾语从句，一般保持原句语序翻译即可，不需要改变宾语从句在原句中的顺序。例如：

This is to certify that Mary Jones has achieved the score of eighty seven out of 100 in the test of Legal English Skills Advanced Level.

兹证明玛丽琼斯在法律英语高级水平考试中获得 87 分。(满分 100 分)

Can you hear what I say?

你能听到我所讲的话吗?

这两个例句的译文均保持了原文的顺序。

宾语从句中由 it 作形式宾语，翻译时通常可依据原文顺序，省略 it。有时，译文中也可将宾语从句放在前面。例如：

I regard it as an honor that I am selceted chairman of the students's union.

我被选为学生会主席，这让我感到十分荣幸。

Anyhow, old chap, I owe it to you that I'm here.

不管怎么说，老朋友，我现在还能在这儿，全靠你。

I found it possible to walk your way to better health, a trimmer body and a longer life—no matter what your age.

我发现，无论年龄大小，散步都能健身瘦身，延年益寿。

2. 主语从句的翻译策略

当主语从句是由 what, whoever, whatever 等代词引导时，翻译时可直接按照原文顺序翻译。例如：

What brings us together is that we have common interest in arts.

使我们走到一起的，是我们对艺术的共同爱好。

Whatever happens, I will stay with you.

不论发生什么，我都会支持你。

When will we meet tomorrow is not decided yet.

我们明天什么时候碰头还未决定。

以 it 作形式主语的主语从句，翻译时主语从句可以先译，也可以后译。例如：

It goes without saying that oxygen is the most active element in the atmosphere.

不言而喻，氧是大气中最活泼的元素。

It was a real challenge that those who had learned from us now excelled us.

那些曾经向我们学习的人现在超过了我们，这是个真实的挑战。

3. 同位语从句的翻译策略

同位语主要是对名词、代词做更深入的解释。单词、短语、从句都可以充当同位语。同位语从句翻译时，可提前，也可不提前。例如：

And there was the possibility that a small electrical spark might accidentally bypass the most carefully planned circuit.

而且总有这种可能性——一个小小的电火花，可能会意外地绕过了最为精心设计的线路。

Before Lucy went back to Canada, she expressed her hope that she would visit China with her family in two years.

露西在回加拿大前，表示希望两年后与家人再游中国。

All of the college students should take aware of the fact that personal quality is more important than working ability in some way.

个人素质在某种程度上比工作能力更重要，所有大学生必须认识到这一事实。

有时，可增添冒号、破折号等来实现主句与从句的连接。例如：

Mr. Stevens, dean of our department, will have a lecture on the comparison analysis of western culture and eastern culture.

斯蒂文——我们的系主任，将做一次关于中西文化差异分析的讲座。

4. 表语从句的翻译策略

表语从句一般可按照原文的顺序来翻译。例如：

Small talk is what friends make when standing around doing nothing.

闲话就是朋友们相聚时无所事事时谈的。

（三）定语从句的翻译策略

定语从句包括两种：限制性定语从句与非限制性定语从句。

1. 限制性定语从句的翻译策略

定语从句中都有先行词，限制性定语从句与先行词关系密切，对先行词具有限制作用。书写时不用逗号。翻译限制性定语从句，可采用以下技巧。

（1）前置法

所谓前置法，即“将英语限制性定语从句译成带‘的’字的定语词组，放在被修饰的词前面，从而将英语的复合句翻译成汉语的简单句”。[①] 前置法常用于简单定语从句的翻译。例如：

---

① 黄成洲，刘丽芸. 英汉翻译策略[M]. 西安：西北工业大学出版社，2008：80.

This is the soldier who just returned from the front.

这是刚刚从前线回来的战士。

To be sure, a great rebuilding project would give jobs to many of those people who need them.

诚然，一个宏伟的重建计划也许能为许多需要工作的人提供就业机会。

A man who doesn't try to learn from others cannot hope to achieve much.

一个不向别人学习的人是不能指望有多少成就的。

(2)后置法

如果定语从句的结构复杂，采用前置法翻译会使译文显得冗长，不符合译入语表达习惯，这时可采取后置法，将其翻译成后置的并列分句。后置法包括两种情况，一是译为并列句，重复英语先行词；二是译为并列分句，省略英语先行词。例如：

He is a surgeon who is operating a patient on the head.

他是一个外科医生，正在给病人头部动手术。

Day light comes from the sun which is a mass of hot, glowing gas.

日光来自太阳，太阳是一团炽热、发光的气体。

(3)融合法

融合法是将原句中的主句与定语从句融合起来构成一个独立的句子。例如：

There are many people who want to see the film.

许多人要看这部电影。

The turbines drive the dynamos which generate the electricity.

涡轮机驱动发电机发电。

This is the electronics company that they set up in 1985.

这个电子公司是他们于 1985 年成立的。

2. 非限制性定语从句的翻译策略

非限制性定语从句只对先行词加以描述或解释，没有限制作用。对非限制性定语从句进行翻译时,可采取以下方法。

(1)前置法

前置法指的是将非限制性定语从句翻译为含有"的"字的前置定语,同时将其置于被修饰词之前。例如:

The war, which had gone on for more than ten years, was over.

那场延续了10年之久的战争结束了。

(2)后置法

非限制性定语从句的翻译还可以采用后置法,可将其译为并列分句。例如:

I told the story to Lily, who told it to her sister.

我把这件事告诉了莉莉,莉莉又告诉了她的妹妹。

五、长句的翻译策略

(一)结构调整策略

英汉两种语言在语言结构上存在着很大的差异,几乎很少存在完全对应的情况。那么,在翻译过程中,就应对原句结构进行结构调整。在通常情况下,在将汉语句子译成英语时,大多运用"组合"的方式进行翻译。具体而言,就是通过认真分析汉语多个分句的逻辑结构,找出各分句间的主次关系,然后用英语相应的手段在文中按逻辑主次分门别类地进行"空间搭架"式的有机组合。例如:

洞庭湖"衔远山,吞长江,浩浩荡荡,横无际涯。朝辉夕阴,气象万千。"

Carrying distant mountains in the mouth and swallowing the Yangtze River, the vast and mighty Dongting Lake stretches endlessly. It turns brilliant in the morning and gloomy at dusk. The scenery abounds in changes.

该段文字是汉语中常见的四字句铺叙,气势连贯,意境深远。

但是在将其翻译成英语时不能逐句进行，因为这样会造成译文逻辑的混乱、臃肿。译者在翻译时首先应该分析原文内在逻辑语义关系，然后按照一定的结构关系将各部分连接起来，这样就能够有机地组成逻辑主次分明的译文的句式结构。

该市地界巴山楚水，湖光山色秀丽，名胜古迹、自然风光融为一体，遍布其间，是理想的旅游胜地。

The city, bordering Sichuan and Hubei provinces, is a good place for tourism with its panoramic views dotted with beautiful mountains, lakes and historical sites.

在对本例进行翻译之前，译者需要首先分析原文的结构，找出逻辑语义重心。原文共有五个分句，是汉语中常见的平行铺排结构。经过分析可知，"该市……是理想的旅游胜地"为全句语义重心，可定为译文的主干，"地界"表位置作地点状语，其他表伴随状态，分别用英语相应的语法和词汇手段逐一译出。

下面来看一则摘自《人民日报》的短篇材料：

非法闯入我军事演习区域采访 三名香港记者被遣送出境

新华社福州3月10日电，三名香港记者擅自闯入我军事演习区域进行非法采访活动，在福建省平潭县东澳码头被当地公安机关扣留。经审查，香港女记者孙蕴、邓德慧、刘玉梅三人受香港东方报业集团周刊部主管指派，于3月6日晚上飞抵福州，在3月8日凌晨潜入我军事演习区域窃取我军事演习情况。她们的行为违反了《中华人民共和国国家安全法》和港澳记者来内地采访的有关规定。福建省公安机关已在责令其书面承认错误并没收其非法获得的有关资料后，于今日下午将她们遣送出境。

（《人民日报》，1996年3月11日）

上述报道条理清晰、内容精练，主要表达了以下四层意思。

（1）三名香港记者被当地公安机关扣留的原因。

（2）三名香港记者此行的背景、目的和日程。

（3）三名香港记者违反了《中华人民共和国国家安全法》及其他有关规定。

(4)三名香港记者被遣送出境。

从新闻标题中可以看出,这则消息的主要内容是第一条和第四条,因此在英译时要按照事实内容的重要性顺序,将原文进行重组,突出重点,省略一些不必要的信息,如三名香港记者的姓名及公安机关令其书面承认错误并没收其非法所得等,保证译文与原文的意义相符、功能相似。可以如下所示进行翻译。

Mainland expels HK journalists

FUZHOU (Xinhua)—Three journalists from Hong Kong were expelled from the mainland on Sunday afternoon by public security officers of South China's Fujian Province, for violating the State Security Law.

The journalists were detained after they were found to be conducting illegal interviews inside an area where the People's Liberation Army was holding exercises on March 8.

They admitted that they had flown to Fuzhou, the provincial capital, on March 6, and got into the exercises area early on the morning of March 8, in order to obtain information about the exercise.

(*China Daily*, Tuesday, March 11, 1996)

(二)逻辑显化策略

汉语语言属于显性逻辑,其衔接手段没有英语语言丰富,汉语在行文时有时甚至会缺少部分语法结构。例如,在汉语中存在大量无主语的句子。汉语中有些情况下还会将不同性质的短语词汇、不同范畴的信息糅合为一体,上述的这些情况都会导致汉语语言在行文方面呈现出信息关联性不强、信息冗余甚至逻辑不是特别明显等情况,在对这些情况的汉语文本进行翻译时,就需要进行逻辑转换的过程。需要译者应对原文有充分的理解和认识,并在透彻理解的基础上梳理出各个部分间的逻辑关系。并按照英语文化下人们的思维习惯对原文的隐性逻辑进行合理显化,以更为清晰、简单的方式传达实质信息。例如:

据考证，China大写是指中国，china小写是指瓷器，它的读音是来自汉语“昌南”一词的谐音译。而“昌南”指昌南镇，为景德镇的旧称之一。

It is believed that the country name “China” comes from “china”, a term for porcelain, which is pronounced similarly to “Changnan”, a former name for Jingdezhen.

本例原文中的下划线部分是两个短句，在两句之间没有添加任何连接词，而仅仅是用逗号分隔开，有其各自的主语。在将其翻译成英语时，如果不深入挖掘两者之间隐含的逻辑关系，仅仅按照字面的意思将其简单处理为两句陈述句，这样就很难将原文作者所传达的真正含义传译给译入语读者。从本例来看，原文意指中国国名的大写China来自陶瓷小写china，因而，在对其逻辑关系进行梳理后将其译为the country name “China” comes from “china”。

（三）变译编译策略

翻译行为以及翻译所采取的策略在很大程度上还受到翻译目的的制约。具体来说，如果对所翻译的译文进行分析，发现这些译文具有赏心悦目、通俗易懂的特点并且与目的地语受众的思维习惯相符合，能确保所译文本的原文和译文功能对等，这样的翻译就可以被称为高信息量、比较成功的翻译。因此，译者可根据不同文本的类型特点采取恰当的翻译策略进行翻译，以最终实现翻译的预期目的。

在我国著名语言学家黄忠廉所著的《变译理论》一书中，他提出了“变译”这一概念，其变译理论和变异概念的提出给我国的翻译提供了崭新的实践视角。“变译”其实是一种宏观的翻译手法，这种翻译方法经常采用多种多样的变通手段，如扩充、浓缩、改造、阐释等，借助这些多元化的手段来摄取原作的中心内容，或对部分内容进行翻译。可见，变译翻译策略旨在摄取一些特殊条件下特定读者对象对特定信息的需求。这种翻译策略具有针对性很强的特点。

与之类似，编译策略也具有以原作的使用价值为导向的特点，这一翻译策略也是在特定的情境下为满足受众的特殊需求而产生的。比较常见的编译策略有措辞、类比、改写、删减、增补等。

请看下例。

博学、审问、慎思、明辨、笃行（中山大学校训）

Study Extensively, Enquire Accurately, Reflect Carefully, Discriminate Clearly, Practise Earnestly

红专并进，理实交融（中国科技大学校训）

Red and Expert, Truth and Fact

忠信笃敬（暨南大学校训）

Loyalty, Credibility, Sincerity, Piety

自强不息，厚德载物（清华大学校训）

Self-discipline and Social Commitment

柳眉倒竖，杏眼圆睁。

Her beautiful eyes blazed with anger.

（四）意义重组策略

意义重组是指译者充分发挥主观能动性，权衡、考量对原文的方方面面，从而进行适当的筛选、调整和取舍。有时，甚至要抛开原文的字面意思进行重写。

使用意义重组策略时，有些原文词不达意，或逻辑混乱，需要重新进行调整，即使原文条理清晰，语义明确。但是因为文化的不同，不符合译文读者的阅读习惯和表达习惯，也要按“中国人写给中国人看”的原则进行改写，不可按照字面意思进行直译，否则会使译文语言重复、累赘、拖沓。例如：

尊敬的领导，各位朋友，各位来宾：

在湖南省委、省政府的领导下，在怀化市委、市政府的亲切关怀和具体指导下，在全球反法西斯战争胜利六十周年纪念活动的推动下，在各界爱国人士及兄弟单位的支持下，我们今天在这里隆重举行中华民族抗日战争胜利六十周年纪念活动暨芷江第二届国际和平文化节。

（怀化市委宣传部原稿）

上述材料是典型的"中国特色"的宣传稿，文章套话连篇，"官味"十足，如果按照字面意思翻译，则会使译文冗杂拖沓。因此，译者可对原文大胆地进行压缩整合，按照符合译文读者的阅读习惯进行意义重组，试翻译如下。

Respected Leaders,

Distinguished Guests,

Ladies and Gentlemen,

I have the honor to declare the second Zhijiang International Peace Culture Festival open. I'd like, if I may, to take this opportunity to convey our gratitude to those whose support and assistance have made the festival possible. Our particular thanks should go to…

上述译文虽然在结构和表达方式上与原文存在差异，但是语义明确，思路清晰，符合译文读者的思维习惯和表达方式。再如：

举世闻名的大熊猫的故土——坐落在四川南坪、松潘等县交界处一片纵深 30 余公里的风景区。

Junction of Sichuan Nanping, Songpan County, there is a depth of about 30 kilometers of scenic areas, which is the world-famous giant panda homeland.

第六章　中西语言语篇文化差异下的翻译

译者在翻译过程中面对的不仅是两种完全不同的语言形式，而且还需要把握两种语言背后的文化因素。与词汇、句法相比较而言，语篇的翻译难度更大，译者需要具备整体意识，从语篇的整体角度来把握原文的神韵，这对于任何一名优秀的译者而言都是必须具备的。为此，本章就来探讨中西语言语篇文化差异下的翻译。

第一节　中西语言语篇文化差异

语篇是语言的使用，是更为广泛的社会实践，从翻译角度来看，语篇是将这些语义予以连贯，理解和解读这些具有句际练习的语篇。下面首先对语篇的内涵有一个简要的了解，在此基础上分析中西语言语篇的文化差异。

一、语篇的内涵

语篇往往被认为是由一系列的句子与话段构成的。它的形式也是多样的，可以是对话、独白，也可以是一些人的谈话；可以是文章，也可以是讲话；可以是一个文字标志，也可以是一篇小说或者诗歌。虽然不少语言学者在语篇语言学研究中投入了大量的心血，然而在语篇语言学中依然存在难以明确的内容，如语篇的定义问题。很多语言学家都对语篇进行了界定，下面来看几位著名学者的观点。

威多森(Widdowson)认为，语篇就是句群的使用。威多森将语篇与句群等同。

博格兰特(Beaugrande)认为,语篇是一种“交际事例”,是用来传达信息的工具。同时,他还定义了七条语篇标准,即连贯、衔接、可接受、有目的、含情景、含信息、互文性。

韩礼德(Halliday)认为,语篇是具有功能的语言,如发出指令、传递信息或情感等,这种定义方法比较简单。

库特哈德(Coulthard)认为,语篇只涉及书面语言而将口头语排除在外。

威尔斯(Wilss)认为,语篇是语言交际的一种呈现形式。

胡壮麟从广义的层面定义了“语篇”一词,他认为语篇既包含语篇,也包含话语。也就是说,既包括书面语言,也包含口头语言。

由以上定义可知,语篇包含的内容非常广泛,并且形式多样。因此,对语篇进行界定并不容易。笔者尝试从功能与结构的角度来界定“语篇”。

(1)从功能上说,语篇主要是为了交际使用,在交际的过程中,语言的意义往往依靠语境。不同的语境其语言单位的意义也会不同。

(2)从结构上说,语篇是比句子范围要大的语言单位。在语言学上,语言的各个成分的排序从小到大是词素、词、词组/短语、分句/小句、句子、语篇。可见,语篇的范畴要广泛得多。

二、中西语言语篇的具体差异

(一)衔接手段差异

1. 英语语篇的衔接手段

英语语篇强调结构的完整性,句子多有形态变化,并借助丰富的衔接手段,使句子成分之间、句与句之间,甚至是段落与段落之间的时间和空间逻辑框架趋于严密。形合手段的缺失会直接导致语义的表达和连贯。因此,英语语篇多呈现为“葡萄型”,即主干结构较短，外围或扩展成分可构成叠床架屋式的繁杂句式。

此外，英语语篇中句子的主干或主谓结构是描述的焦点，主句中核心的谓语动词是信息的焦点，其他动词依次降级。具体来说，英语中的衔接手段主要包括两种。

(1)形态变化。形态变化是指词语本身所发生的词形变化，包括构形变化和构词变化。构形变化既包括词语在构句时发生的性、数、格、时态、语态等的形态变化，也包括非谓语动词等的种种形态变化；构词变化与词语的派生有关。

(2)形式词。形式词用于表示词、句、段落、语篇间的逻辑关系，主要是各种连接词、冠词、介词、副词和某些代词等。连接词既包括用来引导从句的关系代词、关系副词、连接副词、连接代词等，又包括一些并列连词，如 and, but, or, both…and, either…or, not only…but also 等。此外，还有一些具有连接功能的词，如 as well as, as much, more than, rather than, for, so that 等。

2. 汉语语篇的衔接手段

汉语语篇表达流畅、节奏均匀，以词汇为手段进行的衔接较少，过多的衔接手段会使行为梗塞，影响语篇意义的连贯性。汉语有独特的行文和表意规则，总体上更注重以意合手段来表达时空和语义上的逻辑关系，因此汉语中多流水句、词组或小句堆叠的结构。汉语语篇的行文规则灵活，多呈现为“竹节型”，句子以平面展开，按照自然的时间关系进行构句，断句频繁，且句式较短。

汉语并列结构中往往会省略并列连词，如“东西南北”“中美关系”等。此外，汉语语篇句子之间的从属关系常常是隐性的，没有英语中的关系代词、关系副词、连接副词、连接代词等。

3. 中西语篇衔接手段的具体差异

由于英语和汉语在词汇衔接手段上大致相同，但是在语法衔接上却有很多不同之处。因此，这里主要对中西语法衔接手段进行对比。

(1)照应。当英语语篇需要对某个词语进行阐释时,如果很难从本身入手,却可以从该词语所指找到答案,就可以说这个语篇中形成了一个照应关系。由此可见,照应从本质上看是一种语义关系。

照应关系在汉语语篇中也是大量存在的。需要注意的是,汉语中没有关系代词,而关系代词尤其是人称代词在英语中的使用频率要远高于汉语。因此,汉语语篇的人称代词在英语中常用关系代词来表示。

(2)连接。除照应与省略之外,中西语篇的另一个重要衔接手段就是连接。一般来说,连接关系是借助连接词或副词、词组等实现的,且连接成分的含义通常都较为明确。连接不仅有利于读者通过上下文来预测语义,还可以更快速、更准确地理解句子之间的语义联系。中西语篇在连接方面的差异主要表现在以下两点。

其一,英语连接词具有显性特征,汉语连接词具有隐性特征。

其二,英语的平行结构常用连接词来连接,而汉语中的衔接关系经常通过对偶、排比等来实现。

(3)省略。将语言结构中的某个不必要的部分省去不提的现象就是省略。由于英语的语法结构比较严格,省略作为一种形态或形式上的标记并不会引起歧义,因此省略在英语中的使用远高于汉语。例如:

每个人都对他所属的社会负有责任,通过社会对人类负有责任。

Everybody has a responsibility to the society of which he is a part and through this to mankind.

需要注意的是,在省略成分方面,中西语篇也存在明显区别。具体来说,英语中的主语通常不予省略,而汉语语篇中的主语在出现一次后后续出现的均可省略,这是因为与英语主语相比,汉语主语的承接力、控制力都更强。

（二）段落结构差异

1. 英语语篇的段落结构

英语语篇的段落通常只有一个中心话题，每个句子都围绕这个中心思想展开论述，并且段落中往往先陈述中心思想，而后分点论述，解释说明的同时为下文做铺垫；段落中的语句句义连贯，逻辑性较强。例如：

He was a gay, jolly little man, who took nothing very solemnly, and he was constantly laughing. He made her laugh too. He found life an amusing rather than a serious business, and he had charming smile. And when she was with him she felt happy and good tempered. And the deep affection which she saw in those merry blue eyes of his touched her.

2. 汉语语篇的段落结构

汉语语篇的段落结构呈现为“竹节型”，句子与句子之间没有明显的标记，分段并不严格，有很大的随意性，段落的长度也较短。例如：

凤凰镇自然资源丰富，山、水、洞风光无限。山形千姿百态，流瀑万丈垂纱。这里的山不高而秀丽，水不深而澄清，峰岭相摩、河溪萦回，碧绿的江水从古老的城墙下蜿蜒而过，翠绿的南华山麓倒映江心。江中渔舟游船数点，山间暮鼓晨钟兼鸣，河畔上的吊脚楼轻烟袅袅，可谓天人合一。

（三）段落模式差异

语篇段落的组织模式实际上说的是段落的框架，即以段落的内容与形式作为基点，对段落进行划分的方法。语篇段落组织模式是对语言交际的一种限制，对于语篇的翻译而言至关重要。对于中西两种语篇，其段落组织模式存在相似的地方，即都使用主张—反主张模式、叙事模式、匹配比较模式等,但是二者也存在着差异。

1. 英语语篇的段落组织模式

英语语篇的段落组织模式主要包含五种,除了主张—反主张模式、叙事模式、匹配比较模式,还包含概括—具体模式与问题—解决模式,这两大模式与汉语语篇组织模式不同,因此这里重点探讨这两大模式。

(1)概括—具体模式。该模式是英语中最具有代表性的常见模式,又被称为"一般—特殊模式"。这一模式在文学著作、社会科学、自然科学语篇中是较为常见的。著名学者麦卡锡(McCarthy)将这一模式的宏观结构划分为如下两种。

第一种:

概括与陈述→具体陈述 1→具体陈述 2→具体陈述 3→具体陈述 4→……

第二种:概括与陈述→具体陈述→更具体陈述→更具体陈述→……→概括与陈述

(2)问题—解决模式。该模式的基本程序主要包含以下五点。

第一点:说明情景。

第二点:出现问题。

第三点:针对问题给出相应的反应。

第四点:提出解决问题的具体办法。

第五点:对问题进行详细评价。

但是这五大基本程序并不是固定不变的,其顺序往往会随机加以变动。这一模式常见于新闻语篇、试验报告、科学论文中。例如:

An Experiment

PRELIMINARY

The chemistry laboratory is a place where you will learn by

observation what the behavior of matter is. Forget preconceived notions about what is supposed to happen in a particular experiment. Follow directions carefully, and see what actually does happen. Be meticulous (very exact and careful) in recording the true observation even though you "know" something else should happen. Ask yourself why the particular behavior was observed. Consult your instructor (teacher) if necessary. In this way, you will develop your ability for critical scientific observation.

EXPERIMENT I: DENSITY OF SOLIDS

The density of a substance is defined as its mass per unit volume. The most obvious way to determine the density of a solid is to weigh a sample of the solid and then find out the volume that the sample occupies. In this experiment, you will be supplied with variously shaped pieces of metal. You are asked to determine the density of each specimen and then, by comparison with a table of known densities, to identify the metal in each specimen. As shown in Table 1, density is a characteristic property.

Table 1: Densities of Some Common Metals, g/cc

Aluminum	2.7
Lead	11.4
Magnesium	1.8
Monel metal alloy	8.9
Steel (Fe, 1% C)	7.8
Tin	7.3
Wood's metal alloy	9.7
Zinc	7.1

PROCEDURE

Procure (obtain) an unknown specimen from your instructor. Weigh the sample accurately on an analytical balance.

Determine the volume of your specimen by measuring the

appropriate dimensions.

For example, for a cylindrical sample, measure the diameter and length of the cylinder. Calculate the volume of the sample.

Determine the volume of your specimen directly by carefully sliding the specimen into a graduated cylinder containing a known volume of water. Make sure that no air bubbles are trapped. Note the total volume of the water and specimen.

Repeat with another unknown as directed by your instructor.

QUESTIONS

1. Which of the two methods of finding the volume of the solid is more precise? Explain.

2. Indicate how each of the following affects your calculated density: (a) part of the specimen sticks out of the water; (b) an air bubble is trapped under the specimen in the graduated cylinder; (c) alcohol (density, 0.79 g/cc.) is inadvertently substituted for water (density, 1.00g/cc) in the cylinder.

3. On the basis of the above experiment, devise a method for determining the density of a powdered solid.

4. Given a metal specimen from Table 1 in the shape of a right cone of altitude 3.5 cm with a base of diameter 2.5 cm. If its total weight is 41.82g, what is the metal?

实验

准备工作

化学实验室是你通过实验观察可以知道物质性状的地方。忘记一切在特定实验条件下可能会发生什么情况的先入之见，细心地按照指令观察事情发生的实况。在记录实地观察到的情况时，即使你“明知”会发生其他问题，也必须十分慎重，做到非常准确，极其仔细。要问一问自己，为什么会观察到这种特殊的情况。如有必要，向导师请教。只有这样，才会提高你批判性的科学观察能力。

试验一:固体的密度

物质密度的定义是单位体积的质量。确定某一固体密度的最简单方法是称出该固体样品的质量,再求出样品的体积。做这项实验时,你会被给予形状不同的金属块。要求确定每一种金属样品的密度,再和已知密度的一张表对比,以识别每种样品的金属。表 6-1 所示密度是诸金属的特性。

表 6-1　几种普通金属的密度(克/立方厘米)

铝	2.7
铅	11.4
镁	1.8
蒙乃尔合金	8.9
钢(含 1%碳的铁)	7.8
锡	7.3
伍德合金	9.7
锌	7.1

步骤

从导师处领取一块不明性质的样品,放到分析天平上准确地称出它的质量。

测出该样品适当部位的尺寸,以确定其体积。比如,对于一个圆柱体样品,要测出它的直径和长度,算出它的体积。

小心地把该样品放进盛有水量已知的量筒内,直接确定该样品的体积。保证水里不含气泡。把样品和水加在一起的总体积记录下来。

遵照导师的指导,用另一块样品,重复上面步骤。

问题

1.上述两种方法中,哪种求固体物的体积更准确?试说明之。

2.指出下述各种情况怎样影响到你所计算出来的密度:①样

品的一部分露出水面;②量筒内,样品下面隐有气泡;③量筒内错把酒精(密度为 0.79 克/立方厘米)当成了水(密度为 1 克/立方厘米)。

3. 根据上面的实验,想出一种确定粉末状固体物密度的方法来。

4. 是表 6-1 中的一种金属样品,呈正圆锥状,高 3.5 厘米,底部直径 2.5 厘米,重 41.82 克,这是什么金属?

(资料来源:谢小苑,2010)

2. 汉语语篇的段落组织模式

与英语语篇的段落组织模式相比,汉语语篇主要有以下两点特色。

(1)一般来说,汉语语篇段落的重心位置与焦点多位于句首,但这也不是固定的,往往具有流动性与灵活性。例如:

你将需要时间,懒洋洋地躺在沙滩上,在水中嬉戏。你需要时间来享受这样的时刻:傍晚时分,静静地坐在海港边上,欣赏游艇快速滑过的亮丽风景。以你自己的节奏陶醉在百慕大的美景之中,时不时地停下来与岛上的居民聊天,这才是真正有意义的事情。

在上述这则语篇中,其重心位置与焦点出现在段尾,即"真正有意义的事情",这则语篇清晰地体现了汉语段落组织焦点的灵活性。

(2)汉语语篇的段落组织重心和焦点有时候会很模糊,并没有在段落中体现出来,甚至有时候不存在重心句和焦点句。例如:

坎农山公园是伯明翰的主要公园之一,并已经被授予绿旗称号。它美丽的花圃、湖泊、池塘和千奇百怪的树木则是这个荣誉的最好证明。在这个公园,您有足够的机会来练习网球、保龄球和高尔夫球;野生动植物爱好者可以沿着里河的人行道和自行车道游览。

第二节 中西语言语篇翻译策略

以上详细分析了中西语篇存在的各种差异，通过对比可以令学习者对中西语篇各自的特点有一个明确的了解和把握。语篇的翻译应以词和句子的翻译为基础，注重语篇的连贯性，语篇段内的连贯性、段与段之间的连贯性以及语篇语域等。

在语篇翻译的过程中，翻译语篇的整体性首先需要译者从宏观上把握全文，采取一定的翻译技巧，然后开始逐字逐句的翻译。在此过程中，译者的任务主要包括三个：造句；成篇；选择用词和用语。在这三个任务中，最关键的是造句，因为句子是翻译语篇中的关键因素，只有将每一句话都翻译准确，才能将整篇内容联系到一起。此外，选择用词和用语则贯穿翻译的整个过程。

(1)制订宏观翻译策略。在一定程度上可以认为，译者翻译的过程与作者创造的过程是类似的，在开始动笔翻译之前，译者需要有一个情绪上的“酝酿”。这种酝酿其实指的就是宏观翻译策略的制订。大致而言，译者在制订宏观翻译策略时需要重点考虑以下内容。

其一，文体选择。语篇所包含的文体种类是很多的，如小说、诗歌、散文等，译者在文体选择方面受制于原文的文体，也就是说，原文采用的是哪种文体，译文一般也会采用这类文体，不可擅自更换。比如将一首英文诗歌翻译成汉语，译者就需要首先确定译文也应该是诗歌的文体形式。

其二，选择译文的语言。众所周知，中西方对应的语言分别是汉语与英语，但这两种语言又可以有很多种下属分类，如汉语中又包括方言、普通话，从时间上还可以分为现代文与古代文，这些因素都是译者在动笔翻译之前需要考虑到的。

其三，取舍篇章内容。这里暂且不考虑舍去篇章中某部分内容中所缺失的文化审美价值，但这种翻译方法确实是存在的。在某些特殊的情况下，如客户要求译者仅翻译一部作品中的部分内容。

(2)造句。在翻译语篇的过程中，译者对原文的处理大致可分为以下两种类型。

第一种：以句子为划分单位的译者。以句子为划分单位的译者具有强烈的宏观、整体意识，十分注重作品整体意象的有效传达，甚至在有些时候还会牺牲一些词语与短语，以此保证整个句子能够表达顺畅、传神。这类译者之所以能够以句子作为划分单位，是因为他们在前期审美整合的过程中做出了非常大的努力。在审美整合的前期，原作品中的信息处于一种有机、系统、活跃的状态中，当进入审美再现的环节后，这些信息就可以随时随地被激活，在这种状态下译者就可以统筹全局、运筹帷幄，从整体上做出合理安排。

第二种：以字、词为划分单位的译者。以字、词为划分单位的译者往往会逐词逐字的翻译，然后将翻译出来的内容堆砌在一起组成句子，通过这种方法译出的句子读起来往往十分拗口，带有强烈的翻译腔，所组合成的句子也不够和谐，自然更不用去考虑其所带来的审美价值了。对于这类译者，除了他所使用的翻译方法不当之外，更大的原因在于其并没有深入去思考与把握文章整体的审美取向。此时，译者从前期审美过程中所获取的信息处于一种无序的、零散的、杂乱的状态，译者自己的大脑中都没有从整体上形成审美信息，自然就不能从整体上传达语篇中的意象了。

通过分析上述两种处理原文的方法可知，第一种处理方法得出的译文整体效果要明显高于第二种，因而译者应该在语篇翻译的过程中尽量以句子为划分单位来解析原文。

(3)组合成章。当译者将原作中的所有句子都翻译出来之后就形成了一篇完整的译文。然而，即便将每一句话都翻译得非常完美，但译作从整体上来看不一定就是完美的。对于一篇刚完成的译作而言，译者还需要处理好整体与局部的关系。具体而言，译者需要处理好以下两个方面的问题。

其一，检查译作的连贯性。为了准确对原文进行翻译，译者有时候会调整原文中句子的表达顺序，如将前后两个句子的表达进行颠倒等，因而在译文成篇以后就非常有必要从整体上检查一下译作的连贯性，主要包括以下方面。

第一，译文句子与句子之间的连贯性。

第二，译文段落与段落之间的连贯性。

第三，译文中主句的意思是否被突出。

其二，检查译作的风格与原文是否一致。通常而言，译文的风格应该与原文保持一致。因此，在检查整篇译作连贯性的基础上，译者还需要查看译作的风格与原文是否是一致的。如果原作品是一种简洁明快的风格，但译文从整体上看起来臃肿呆滞，那么译者就需要对译文进行调整，删除冗余的词语、啰嗦处，尽量保持译文的简洁与明快。

可见，在译作初步完成后，译者还需要经历一个调整、修改译文句子、字词等的过程。经过调整之后，译文不管是部分与部分之间还是整体与部分之间就会形成一个有机统一的整体，进而才能体现出语篇的整体美。

(4)选择用词与用语。选择用词、用语可以说贯穿整个翻译过程的始终，这里再次提出该问题主要是为了突出该环节的重要性。译者在造句、组合成章的过程中都会遇到选择用词、用语的问题，而想要选择出对的、传神的字或词是非常不容易的一件事。我国著名文学家鲁迅先生就曾经说过这样一番话："我一向认为翻译比创作容易得多，因为翻译时不需要构想。然而当真正实践起来，往往会遇到难题，如遇到一个动词或者名词，创作过程中写不出这个词的时候可以回避，但翻译却不行，必须一直想，就如同在大脑中想要找到一个打开箱子的钥匙，但是却没有。"

上述这段话其实表述的就是在翻译过程中选择用词、用语的甘苦。对于译者而言，在选择用词、用语时通常需要注意以下方面。

第一，原作中起画龙点睛作用的用词、用语。

第二，原作中文化背景信息丰富的用词、用语。

第三，原作中具有丰富含义的用词、用语。

第四，原作中的用词、用语在目的语中找不到对应表达。

第五，原作中使用专有名词的地方。

在修改、润色初稿时，为了保证译文表达方面的贴切与完美，译者可以站在读者的角度来阅读译作，通过读者的思维对译作进行思考与解读，看译文阅读起来是否顺畅，是否会产生歧义，是否符合目的语读者的表达习惯等。

以上是对中西语篇翻译的框架叙述，下面来分析中西语篇的翻译策略。

一、语言语篇衔接与移情的翻译策略

（一）语言语篇衔接的翻译策略

衔接，即上下文的连接，可以使表达更为流畅，语义更为连贯。衔接是否得当，其关系着能否被读者理解，能否让读者探究其主旨意义。因此，在具体的翻译实践中，译者应该首先把握整个语篇，然后运用恰当的衔接手段将句子、段落等连接起来，从而构成一个完整的译语语篇。

在翻译过程中，译者需要深入把握语篇衔接手段上的对等。所谓语篇衔接手段的对等，具体指的是在源语语篇中所出现的对整个语篇起贯穿作用的衔接链中的所有衔接项目在目的语语篇中能够很好地体现，从而在目的语中形成相似或相同的衔接链。假如每个衔接链都能在目的语语篇中出现，也就是说，组织并反映语篇的“概念”“人际”和“谋篇意义”三种意义的衔接模式都应在译文中重现。

由于语篇的谋篇意义和语篇的组织意义等同，因而这里对谋篇衔接机制的翻译进行探讨，包括非结构衔接与结构衔接两大具体类型。

1.解读结构衔接

结构衔接主要包括三个方面的衔接,即主位结构衔接、语气结构衔接以及物性结构衔接。具体而言,又分别涉及语篇三大类型的意义模式,即谋篇意义、人际意义以及概念意义。主位结构间的关系也是由语篇中小句的主位间的关系和主位与述位间的交替和意义交互形成的,其中最主要的还是主位与主位间的关系。那么在翻译时,译者也应从考察主位同主位间的关系着手。

2.解读非结构衔接

非结构衔接具体指的就是韩礼德和哈桑在其所著述的《英语衔接》一书中对五种衔接机制的总结,这五种衔接机制具体如下所述。

(1)指称。

(2)替代。

(3)省略。

(4)连词。

(5)词汇衔接。

指代和词汇衔接这两大衔接机制是组成衔接链最重要的手段,并且是主要的非结构性衔接机制。因此,在探讨与语篇衔接手段对等方面的问题时,通常应先对衔接链的翻译进行探讨。贯穿整个语篇的衔接链以及衔接链之间的关系构成语篇的主题意义。那么,在对反映主题的衔接链进行翻译时,翻译工作者应对翻译所采取的策略慎重考虑,以目的语的组织方式允许为前提,应尽可能地保留源语语篇的主题衔接链。例如:

沙棘籽油治疗酒精中毒肝硬化:一例报告

酒精中毒性肝硬化目前尚无特效药治疗。我科于2013年6月收治一例。应用陕西秦永牌沙棘籽油治疗这一例酒精中毒性肝硬化,收到较好效果。现报告如下。

病历摘要:一患者,男,58岁,因“上腹胀痛,伴乏力20天”之主诉入院。既往有近 20 年饮白酒史，每日约 300～500ml，否认传染性肝炎史。查体：面色黝黑，皮肤、巩膜轻度黄染，肝在肋下 1.0cm，剑突下 3.0cm，质中无压痛。肝功能、B 超及 CT 等检查均符合肝硬化改变。同位素放射免疫肝功能检查，透明质酸酶＞640μg/L，铁蛋白＞500μg/L，肝胆酸 52.36μmol/L。乙肝系列等病毒标志物检查均呈阴性。

诊断和治疗效果：单纯服用沙棘籽油，每日三次，每次 10ml，连服 70 天。复查肝功能及同位素放射免疫肝功能等项目均正常。其中，透明质酸酶＜160μg/L，铁蛋白＜240μg/L，肝胆酸＜8.94μg/L。

讨论：本例患者用沙棘籽油使肝功能和同位素肝功能等检查恢复正常，这可能与该药提高机体免疫功能、增强抗病能力、改善病灶微循环、促进组织细胞再生有关。

Seabuckthorn Seed Oil for
Alcoholic Hepatocirrhosis: A Case Report

Introduction

There hasn't been a specific drug for alcoholic hepatocirrhosis at present. We reported a case admitted in June, 2013 for alcoholic hepatocirrhosis treated with seabuckthorn seed oil with satisfactory result.

Case History

A male patient aged 58 reported a 20-day history of epigastric distention complicated with hypodynamia. The patient had a 20-year history of alcoholic drinking, with 300-500ml daily, but denied the history of infectious hepatitis. Physical examinations showed a dark complexion, slight xanthochromia of the skin and sclera. The liver was present 1.0 cm under costal margin and 3.0 cm under xiphoid process and it was found to be moderate and no tenderness was found. Examinations of hepatic function, B-ultrasound and CT scanning all suggested hepatocirrhosis. Isotope radioimmunoassay of hepatic function showed hyaluronate＞640μg/L, ferritin＞500μg/L, hepatic acid 52.36μmol/L. Serial hepatitis B virus-marking tests were negative.

Diagnosis and Result of Treatment

The patient was given seabuckthorn seed oil, 10 ml each time and 3 times daily, and consecutively for 70 days. Tests for evaluation of hepatic function and isotope radioimmunoassay showed normal: hyaluronate＜160μg/L, ferritin＜240μg/L, hepatic acid＜8.94μg/L.

Discussion

In this case, seabuckthorn seed oil was applied with the result that the tests of hepatic function and isotopic radioimmunoassay became normal. This might be related to the strengthening of the immunity of the body, thus increasing resistence to the disease, the improvement of micro-circulation of the focus, and the enhancement of the regeneration of tissue cells through the use of seabuckthorn seed oil.

该例属于一篇科技语篇，译者在翻译时不仅注意句子与句子之间的连贯性，而且使用了符合目的语思维习惯的方式进行翻译，同时采用了相应的专业术语，整体上比较贴切、易懂。

（二）语言语篇移情的翻译策略

语篇艺术价值再现的关键在于“移情”，即艺术家基于自然景物之美而兴起的情感在作品中的体现，并由此激发读者和译者的情感。译者只有进入自己的角色才能身临其境，如此才能亲临其事、亲睹其人，进而感同身受。语篇移情的翻译技巧指的是把握整个语篇翻译过程中的内涵与神韵，确保原文与译文在风格、语气、形式上尽量保持一致，从而使译文读者能够产生与原文读者同样的美感。

1. 原作的结构与作者的写作心理

对于原作在审美上的结构以及作者在写作过程中的审美心理，译者在翻译过程中应该实现最大限度的顺应，充分尊重原作的结构与作者的写作心理。例如：

久闻先生高卧隆中，自比管、乐。

People say you compare yourself with those two famous men of talent, Kuan Chung and Yol.

上例原文中的“高卧”是“隐居”的意思，在这里译者竟然略去不译。这种做法造成的原作在文化内涵和审美价值上的缺损是无法弥补的。

2. 目的语读者的阅读心理与标准

目的语读者的阅读心理与标准同样对译作艺术价值再现产生一定的影响，不过其影响的大小要视情况而定。通常而言，译者在翻译时心中都存在假定的读者群，译文审美需要考虑该读者群的审美心理与标准。例如，我国著名翻译家傅东华在翻译《飘》时就对原文进行了删减，他认为文章中一些冗长的心理描写和分析与情节发展关系不大，且阅读起来还会令读者产生厌倦，因而将这部分内容删除。可见，他就是在充分考虑读者阅读心理的基础上对原文进行了有效处理。

3. 译者自身的主观动机与标准

译者自身所具有的主观因素必然会影响到译作艺术价值再现的效果。例如：

黄河远上白云间，一片孤城万仞山。
羌笛何须怨杨柳，春风不度玉门关。

Where a yellow river climbs to the white clouds,
Near the one city wall among ten-thousand-feel mountains.
A tartar under the willow is lamenting on his flute,

That spring never blows,him through the Jade pass.

原文写的是塞外苦寒，并且隐含着无限的乡思离情，但译文却是一位鞑靼人在柳树下吹笛惋惜自己的命运，不难看出译文改变了原文蕴含的情感色彩，加入了译者自己的主观判断，不能说是成功的译文。

上述三个因素影响着审美再现的效果，译者需要尽力协调好这三者之间的关系，找到最佳契合点，从而最大限度地再现原作的艺术美。

二、语言语篇语境与语域的翻译策略

（一）语言语篇语境的翻译策略

要想能够对语言结构所传达的意义进行准确的理解和掌握，就必须对情景语境有一个准确的理解。情景语境具体体现着社会文化，并且是社会文化的现实化。韩礼德将情景语境视为一个由语场、语旨和语式三个变量所组成的概念框架。情景语境对翻译有重要影响。

1.通过语境确定词义

情景语境有助于确定词汇的意义，排除语篇语言中的多义词现象。众所周知，自然语言中很多词都存在着一词多义的现象。例如，《现代汉语词典》对“上面”这个词就有以下六种解释。

（1）位置较高的地方。

（2）词序靠前的部分。

（3）物体的表面。

（4）方面。

（5）指上级。

（6）指家族中上一辈。

因此，在不同的情景语境中，“上面”这一个词就可以体现出几种不同的意义。这不仅是在汉语语言中，在英语中也存在很多这样的情况。例如，在《新中西词典》中，set 一词就列出了 61 个解释意义。要想对这些词有确切的解释，就必须要放在特定的情景语境中。

当词脱离语境，其意义就会变得模糊；当句子脱离固定的情景语境，其表达的意义就会很难确定。例如，语言学家乔姆斯基(Chomsky)曾经举过这样一个例子来说明句子的歧义性，即"They are flying planes."这句话可以翻译成"它们是在飞的飞机"或"他们正在驾驶飞机"。如果将这个句子放在特定的语境中，就不会出现这两种不同的翻译结果。假设发话人是一个飞行员，那么这句话必然翻译成"他们正在驾驶飞机"；假设这个句子的主体是飞机，那么这个句子必然被译成"它们是正在飞的飞机"。

2. 利用语境补充省略成分

之前已经提到，语篇特征中的连贯包含省略的部分，而这一省略的前提就是情境语境在发挥作用。上面的省略是为了避免重复，将主要信息凸显出来，使文章更具连贯性。但有时候省略的部分往往不能被读者理解，因此这就需要将其置于整个语篇的情境语境中。例如：

I have many interests to keep me from being bored, but playing football and collecting stamps are the ones that I enjoy most.

我有许多的兴趣让我无聊，但是踢足球、集邮是我最喜欢的兴趣。

该例中，ones 相当于 interests，这是名词性省略，如果没有上文，读者就很难猜出其意义，当然也无法进行翻译。

3. 通过语境把握句子语法结构

在语篇翻译中，要想对一个句子的语法结构意义有一个明确的理解，首先就应该从情景语境入手。例如：

All this intense activity in both directions has helped to establish close and warm links between our two countries, and we are now talking to each other like the old friends we have become.

在两个方向上所有的这些激烈活动都有助于我们两国建立亲密、友好的关系，现在我们成为了朋友，就更无所不谈了。

在对源语篇进行翻译时，译者将 we are now talking to each other like the old friends we have become 翻译成“我们现在交谈就如老朋友一样了”，这明显没有对上下文进行明确的分析，直接将 like 翻译成“像……一样”，同时又将 we have become 所代表的意思省略掉了，这样的翻译虽然看似符合逻辑，但是并没有将原文的实际意义传达出来。通过上文得知，我国已经建立了友好的关系，并成为友好的朋友，因此 like 一词的意思应该是“具有……的特点”。

（二）语言语篇语域的翻译策略

所谓语篇的语域，即语篇具体使用的场合、领域。语篇类型不同，所具有的功能就不同，自然所使用的领域也是不同的。通常而言，科技语篇具有很强的准确性、专业性；文学语篇在整体上往往传达出艺术性、美感；广告语篇则具有很强的说服力、号召性。可见，译者在翻译语篇的过程中必须要有整体观念和意识，尤其要关注语篇的语域方面，基于语篇语域角度来还原原文的特点、功能、信息，从而实现译文与原文同样形神兼备。例如：

To all consulates and foreign chambers of commerce in Guangzhou,

To whom it may concern,

Approved by the State Council of the People's Republic of China, and jointly sponsored by National Development and Reform Commission PRC, Ministry of Finance PRC, Ministry of commerce PRC, State Administration for Industry and Commerce PRC, Ministry of Commerce PRC, China Banking Regulatory Commission and People's Government of Province, the 3th

China International Small and Guangdong Enterprises Fair and Sino-Italy Small and Enterprises Fair will be held from September 15th-18th, 2016, at Guangzhou International Exhibition Center (China Export Commodities Fair, Pazhou Complex).

In order to enable foreign organizations in Guangzhou to have a better understanding of CISMEF, the organizing committee of CISMEF will hold the "Business Luncheon for 3th China International Small and Medium Enterprises Fair and Sino-Italian Small and Medium Enterprise Fair, for Foreign Consulates and Chambers of Commerce in Guangzhou" on April 28th, 2016. The luncheon starts at 11:00 A. M. at Haitang (Crabapple) Hall of Garden Hotel.

We sincerely invite you to participate in this luncheon. Please complete the Participant Confirmation Form (see attachment) and feedback by fax before April 21st, 2016.

Secretariat of Organizing Committee of 3th

April, 2016

各国驻会领事馆：

经国务院批准，经国家发改委、财政部、商务部、国家行政管理总局、中国银监会和广东省人民政府联合主办的第三届中国国际中小企业博览会暨中意中小企业博览会将于 2016 年 9 月 15～18 日在广州国际会展中心举行。

为使驻会领事馆更好地了解中博会，第三届中博会组委会将于 2016 年 4 月 28 日举行"第三届中博会通报会及午宴"，午宴将于上午 11 点于花园酒店的海棠厅举行。诚邀贵馆总领事及商务领事出席。

请填好确认函（见附页）并以传真形式于 2016 年 4 月 21 日前回复。

第三届中博会秘书处

2016 年 4 月

上述是一封正式邀请函。众所周知，邀请函是用来邀请客人参加庆典、会议或者宴会等场合所发放的一种书面的书信。一般情况下，正式邀请函用于正式场合或对比较重要人物的邀请。上述邀请函的原文和译文都使用了比较正式的用语，十分贴切。再如：

Letter of Introduction

October 2,2012

Dear Mr. /Ms.

This is to introduce Mr. Johnson, our new marketing specialist who will be in Birmingham from October 5 to mid October on business. We shall appreciate any help you can give Mr. Jones and will always be happy to reciprocate.

Yours faithfully,

John Smith

介绍信

尊敬的阁下/女士：

兹介绍我公司市场部约翰逊先生于10月5日到10月中旬期间前往伯明翰办理业务，请惠予琼斯先生帮助，甚谢！

此致

敬礼！

约翰·史密斯

2012年10月2日

上述信函与第一封相比较明显没有那么正式了，语气平易亲切，句法口语化，简单易懂，可见这封信是写给朋友的，因而译文中也使用了口语化的语言，以实现原文的表达效果。如果原文是正式的公函，在翻译时就需要使用正式的语言表达方式。又如：

尊敬的先生/女士：

贵公司1月15日在报刊登招聘秘书、会计、推销员等职员，现拟应征秘书一职。

本人现年30岁，毕业于四川大学，曾在UNKNOWN公司担任助理会计师达六年之久。本人离职的原因是该公司即将倒闭。

随函附寄履历表及照片一张。至于薪金一事，我希望月薪5 000元起。如蒙贵公司录用，本人向贵公司保证将尽职尽责，令阁下满意。

周浩敬呈

Dear Sir/Madam,

In response to your advertisement in the newspaper of Jan. 15 for a secretary, an accountant and salesclerks, etc. I wish to apply for the position of secretary.

I am thirty years of age now and graduated from Sichuan University. I had six years' experience as an assistant accountant in UNKNOWN Company. The reason for leaving my present employment is that they are closing their office.

I am enclosing my resume together with my photo for your reference. With respect to salary, I shall expect at least RMB 5,000 a month. I assure you that I will do my utmost to prove my worth if I get the post.

Very truly yours,

Zhou Hao

上述是一封求职信，为了表达对求职公司的尊重，译文也恰当地使用了正式的措辞方式以达到相应的语气。

总之，在进行翻译时译者要注意中西两种语言在语篇结构方面的差异，从总体上把握语篇的语域问题，唯有如此才能真正把握并灵活使用中西互译的技巧，译出优秀的译文。

三、语言语篇其他层面的翻译策略

（一）省略并列连词

英语中的 and 是一种常规的形合衔接词汇，在行为规则上具有强制性，不可省略。但是汉语更倾向于用意合手段表示并列关系，常常省略 and，因此在对英语语篇进行汉译时要注意 and 的省略。以一个简单的句子为例：

Martin limped across the yard and into the sheltering darkness.

马丁一瘸一拐地穿过庭院，躲到了阴影里。

（二）活译转折关系

英语中表示转折关系的衔接词 but 对语篇意义的表达十分重要，但汉语中的转折关系有时也可表述为意合方式，在形式选择上具有一定的自由性。因此，译者在翻译时需要灵活把握。例如：

We have bigger houses and smaller families, more conveniences but less time.

We have more degrees, but less common sense, more knowledge, but less judgment.

We have more experts, but more problems, more medicines, but less wellness.

译文一：

我们住房更大而家庭更小，设施更多但时间更少。

我们学位更多却常识更少，知识更多而判断更少。

我们专家越多而问题越繁，药物更多而健康越少。

译文二：

我们住房越大，家庭越小。设施越多，时间越少。

我们学位越多，常识越少。知识越多，判断越少。

我们专家越多，问题越繁。药物越多，健康越少。

译文一为形合，转折关系一目了然，译文二为意合，逻辑关系同样清晰明了。

（三）维护语篇空白

在中西方的语篇中往往含有很多“空白”之处，这种不完整可以很好地体现出一定的艺术美。在中国古代画论中，这种空白被称为“象外之象”，在诗文中被称为“无言之境”，而在音乐中则被称为“弦外之音”。简言之，语篇中的空白之处是大有学问的，这不仅不是其缺点，反而是其优势与独特之处。读者在阅读语篇的过程中并不是处于被动地位，他们可以充分发挥自己的主观能动性，对原作中空白之处进行补充，也正是这种补充、想象的过程让读者体验到了审美的快乐。因此，译者在翻译语篇的过程中对于这种空白之处要尽量去维护，不能对这些地方进行过分补充，因为这些空白通常是原文作者精心设计出来的，译者有义务对其进行维护与保持。例如：

沧海月明珠有泪，蓝田日暖玉生烟。[①]

译文一：Tears that are pearls, in ocean moonlight streaming. Jade mists the sun distils from Sapphire Sward.

译文二：The moon is full on the vast sea, a tear on the pearl. On Blue Mountain the sun warms, a smoke issues from the jade.

译文三：Moonlight in the blue sea, shedding tears, in the warm sun the jade in blue fields engendering smoke.

该例原文出自李商隐《锦瑟》一诗中，本身含有很强的朦胧美。通过分析上述三个译文可以看出：

译文一中表达的是“泪就是珠，珠就是泪”。

译文二中表达是“一颗珠上一滴泪”。

译文三中表达的是“明珠洒泪”。

这些翻译带有译者很强烈的主观观念，体现出译者武断地对原文进行了判断，丝毫不能体现出原文中的朦胧美，这对于语篇的翻译而言其实是不可取的。事实上，译者可以不要将译文表达得太实在，留下一点迷离感让目的语读者自己去体会。

由上可知，译者在翻译语篇的过程中必须从“补充空白”的身

① 闫敏敏．文学翻译中译者的审美过程[D]．上海：华东师范大学，2005：32.

份转换到“维护空白”的身份。如果译者对原文中的空白过分地补充,那么原作中的艺术美就会被严重损坏。另外,从读者的角度来看,译者对空白的过分补充反映了他对读者审美能力的不信任。也就是说,译者应该将原作中的空白之处留给读者,让目的语读者自己发挥自己的想象力来补充,进而体验语篇中的审美快感。

(四)巧妙处理复杂内容

不管是中国的语篇还是西方的语篇,本身都具有丰富的文化背景知识与艺术信息,在翻译过程中译者难免会遇到一些由于历史、社会、文化等差异因素而导致的翻译障碍,再加上现实社会生活、人类思想情感等复杂因素,译者有时候还会遇到一些自己都难以理解的内容。这些复杂的内容通常是一个民族独特文化的反映,并且在一定程度上可以体现出作者自身感受生活的深度。从翻译角度而言,复杂内容虽然是翻译过程中的障碍,但同时也可体现出译者一定的自主性。只有语篇中蕴含着丰富的情感与价值意义,所翻译出的作品才能引起目的语读者的情感共鸣,进而产生审美体验。

然而,有些译者为了快速完成译作,对于语篇中的复杂内容往往进行简单化处理,在他们看来,这样做有两个益处:其一,避免了文化差异所带来的可译性问题;其二,考虑到目的语读者的文化背景与接受能力,进行简化处理便于他们有效接受。但不得不说的是,对复杂内容简化处理甚至略去不译就会使原作中的审美价值与文化内涵大打折扣。例如:

我之罪固不免,然闺阁中本自历历有人,万不可因我之不肖,自护己短,一并使其泯灭也。

I resolved that, however unsightly my own shortcomings might be, I must not, for the sake of keeping them hid, allow those wonderful girls to pass into oblivion without a memorial.

该例中,“不肖”是中国伦理学中的一个概念,通常是指由于子孙道德低下而导致家道败落，这里译者仅将其翻译为 shortcoming，如此处理虽然有益于目的语读者快速理解，但该词事实上并不能真正传达中国人心目中“败家的罪过”这一状况的深远影响。

由上可知，在处理复杂内容时，译者最好能为读者留下一些难题，让读者通过自己的心理体验来处理这些难题，因为在一定程度上可以认为审美的快乐就是在这种过程中才得以感受的。这种处理方式不仅是对原文负责，同时也是对目的语读者负责。

（五）恰当传达原作感情

每一则语篇中都或多或少含有作者自身的影子，其中会体现出作者所处的时代、历史文化背景，而且还会体现出作者自己的价值取向、兴趣、情感等，这些在无形中都会从作者所塑造的艺术形象上体现出来。对于自己作品中的艺术形象，作者往往会表达出强烈的情感取向，或喜欢或厌恶，或同情或憎恨，或褒奖或贬低。对于译者而言，其在阅读一部语篇之前就已经具备一定的情感结构，因此在译者阅读语篇时就难免会做出一些带有自己主观情感上的评价，在一定程度上损坏了原文作者的情感体现。例如：

纵然生得好皮囊，腹内原来草莽。

（曹雪芹《红楼梦》第三回）

Though outwardly a handsome sausage-skin,
He proved to have but sorry meat within.

（霍克斯 译）

该例出自《红楼梦》第三回中的一首词《西江月》，这首词表面上看是对宝玉的贬低，但事实上反映了宝玉离经叛道、愤世嫉俗的性格。“皮囊”指的是人的长相，“草莽”指的是杂草丛生的荒野。但霍克斯的译文给读者的感受是“外面是英俊的香肠样的皮肤，但不幸的是里面的却是肉。”这种翻译可以说已经将原文作者对作品中人物的情感体现完全扭曲了，译文中的宝玉已经与原文中的宝玉完全不一样了。这说明，译者在翻译再创造的过程中超过了“度”的范畴，就会导致适得其反的效果。

第七章　中西修辞文化差异下的翻译

修辞作为语言的一种特殊表达方式,影响着人际沟通。因此,将英汉修辞进行对比研究有利于人们更好地理解英汉语言,并最终服务于翻译,减少翻译中的障碍。本章在对比中西修辞文化差异的基础上,探讨中西修辞翻译的策略问题。

第一节　中西修辞文化差异

中外对于修辞翻译的研究可以说是历史悠久。英语和汉语作为两种不同的语言体系,其差异表现在许多方面,修辞就是其中一个方面。英汉修辞在拥有共同点的同时,还有许多明显的差异。英汉修辞的差异不仅是因为语言差异,还因为中西文化差异。

一、什么是修辞

(一)修辞含义的多样性

要深入研究中西修辞的差异,首先要知道什么是修辞。修辞(rhetoric)既是一个普通词汇,又是一个专业术语。因此,为了更加深入地对修辞进行分析,应从以下两个方面来对修辞的含义展开研究。

1. 作为普通词语的修辞

作为普通词语的修辞基本上是以中性词义存在的,但它也具有贬义的用法。

(1)作为中性词使用

第一,修辞还可指"艺术语言"。例如,body rhetoric(肢体语言),the rhetoric of fiction(小说的艺术语言)等。此时,修辞属于中性词。

第二,修辞可用来表示"言语""辞令"等中性含义,此时并没有不好的联想。例如,glowing rhetoric(热情洋溢的说辞),stirring rhetoric(激动人心的说辞)等。

(2)作为贬义词使用

修辞传统上的诡辩派主张使用华而不实的演讲技巧与文体风格,因此修辞常常带有"巧辩""虚夸的话"等负面含义。现在的报刊杂志上经常出现 rhetoric 的这种诡辩用法,如 a rhetoric masking vicious exploitation;the loquacity of long-winded rhetoric 等。

2.作为专业术语的修辞

当 rhetoric 作为一个专业术语时,通常具有以下含义。

(1)具有"写作教程"的含义。曾经有一段时期,美国大学一年级学生所用的与写作有关的教材上经常出现 rhetoric 一词,所以美国英语常用 rhetoric 来表示"写作课程/教材"。

(2)具有"文体修辞"的含义。演讲修辞随着古罗马民主政体的衰退而逐渐受到冷落,人们将关注的焦点放在演讲的文体风格和技巧上,并最终促成了文体修辞的发展。

(3)具有"作文修辞"的含义。自中世纪以来,西方修辞就与书信写作联系起来。19 世纪中期,由于对作文的研究逐渐成熟,作文修辞成为修辞研究的一个重要分支。

(4)具有"演讲"的含义。英语中与修辞对应的单词是 rhetoric,其希腊词源 rhēotrikē 与拉丁词源 rhetorica 均表示"演讲",因此在西方国家,修辞与演讲艺术有着天然的联系,而对演讲传统进行研究的演讲修辞也就成为现代英语修辞学的一项重要内容。①

(二)国内外修辞类型的不统一

在如何对修辞进行分类的问题上,中国与西方国家具有不同的观点。下面分别予以介绍。

1. 中国的观点

我国修辞学家陈望道从功能的角度,将修辞分为积极修辞和消极修辞。

(1)积极修辞。积极修辞的主要功能是使语言表达更加有力、动人。

(2)消极修辞。消极修辞的主要功能是实现明确、通顺的表达效果。

需要注意的是,不能根据日常生活中的"积极"与"消极"这两个词的含义来理解"积极修辞"和"消极修辞"。"积极修辞"和"消极修辞"作为修辞学中的两个术语,有着自己的独特内涵。"消极修辞"并不表示这类修辞是被动的、消极的或无用的;相反,它是在交际和写作中使用频率较高的普通的修辞手段。

2. 西方的观点

在西方国家,修辞通常被分为交际修辞与美学修辞。②

(1)交际修辞。无论采取口语还是书面语的沟通方式,要想顺利完成交际任务,首先必须将思想、观点清楚地表达出来。因此,交际修辞的基本要求就是选词要准确、句法要正确、句意要明确、结构要妥帖、文理要通顺。

(2)美学修辞。在很多情况下,人们不仅期望准确、通顺地表达,还希望表达能够形象、生动,具有感染力与说服力,甚至具有

---

① 蓝纯. 修辞学:理论与实践[M]. 北京:外语教学与研究出版社,2010:2.

② 吕煦. 实用英语修辞[M]. 北京:清华大学出版社,2011:21.

一定的美感,这就是美学修辞。可见,美学修辞旨在最大限度地发挥语言的表达功能,从而产生特殊的语言效果。

综上所述,交际修辞是实现美学修辞的途径与手段,美学修辞是交际修辞的最高境界。在语言的发展过程中,二者相辅相成、互相促进、共同提高。

尽管中西方国家对修辞有着不同的分类,但从本质上来说,美学修辞和积极修辞、交际修辞和消极修辞是完全对应的。事实上,美学修辞与交际修辞都以明确、通顺、鲜明、动人为根本目的,二者常重叠使用,以追求完美的语言表达效果。因此,只要与特定的交际目的、交际场合、交际任务相吻合,一切有利于表达的修辞手段都是可以采用的。

二、中西修辞文化对比

(一)英汉比喻文化对比

1.汉语比喻

(1)定义

比喻又称“打比方”,就是利用不同事物的相似点,用另一个事物来描绘所要表现的事物。比喻需要有三个成分和两个条件。

比喻的三个成分是:①本体,即所描绘的对象;②喻体,即用来比方的事物;③连接本体和喻体的词,如“像”“如”“当作”等。

比喻的两个条件是:①本体和喻体不同质;②两者之间有相似点。通常情况下,本体比较抽象,而喻体则比较具体。

(2)分类

根据喻体和本体之间的关系,汉语比喻分为明喻、隐喻和借喻。

第一,明喻。明喻是最常见、最直接的一种比喻形式,它是指喻体和本体同时出现,表明二者之间相类似的关系。它爽朗、明快,使所描述的事物具体化、通俗化。还有一种是“空灵化”的喻体，它可以赋予所描绘的事物一种朦胧之美。明喻的本体、喻体和喻词一般都同时出现，喻词包括“像”“似”“若”“同”“好像”等。另外，可以做喻体的成分包括谓语、定语、状语和补语等。例如：

不错，你有天赋，可是天赋就像深藏在岩层底下的宝石，没有艰苦的发掘、精心的雕琢，它自己是不会发出光彩来的。

（张洁《从森林里来的孩子》）

你看他如风吹败叶，似鱼打残花，将他两个赶出水面。

（吴承恩《西游记》）

需要注意的是，明喻也可以不用喻词，这种类型称为明喻的略式。它一般采用排比、对偶等平行句法，使喻体和本体各自成句、前后呼应；还可以用一个或几个独立句式设喻，构成对本体的比喻关系。例如，“长江后浪推前浪，一代更比一代强”。

第二，隐喻。隐喻，又叫暗喻，其本体与喻体在形式上是相合的关系。隐喻可分为带喻词或不带喻词两种情况。

带喻词的隐喻。隐喻的本体和喻体之间用“是”“就是”“成为”“等于”等词语来充当喻词。例如：

这是梅花，有红梅、白梅、绿梅，还有朱砂梅，一树一树的，每一树梅花都是一树诗。

（杨朔《茶花赋》）

不带喻词的隐喻。不用喻词的隐喻常用并列、同位、注释、修饰结构。

并列式指本体和喻体各自成句，并列参照，以显示比喻关系。例如：

人生活在空气里，不知道空气的存在；鱼游在水里，不知道水的存在；人们按照自己语言的结构规律说话，但是一般都不知道这些结构规律的存在。

（邢公畹《语法和语法学》）

同位式指使本体和喻体在句中处于同一位置，或本体在前、喻体在后，或喻体在前、本体在后。例如：

骆驼,你,沙漠的船,你,生命的山!

(郭沫若《骆驼》)

注释式是把喻体作为对本体的一种注释,喻体和本体之间用破折号连接,或者用逗号隔开。例如:

他狠狠地敲打,向着苇塘望了一眼。在那里,鲜嫩的芦花,一片展开的紫色的丝绒,正在迎风飘散。

(《艾青诗选》)

修饰式即用定语和中心词之间的修饰限制关系打比方。例如:

比风更轻的舞蹈
珍珠般圆润的歌声
火的热情、水晶的坚贞
艺术离开光就没有

(艾青《光的赞歌》)

第三,借喻。借喻是用喻体直接代替本体、本体不出现的比喻。它的本体和喻体关系密切,所以一般都可以从喻体想到本体。借喻可省去许多直白的文字,语言简洁,因而更多地用于文学文体和口语中。借喻可以用来表现人、物、事,或者理、情、意。例如:

晓妆新,高绾乌云。

(杨果《春情》)

2.英语比喻

(1)定义

比喻是英语中最为常见的,用得十分广泛的一种修辞格。不把要说的事物平淡直白地说出来,而用另外的与它有相似点的事物来表现的修辞方式,叫作"比喻"(figures of comparison)。比喻是语言艺术的升华,是最富有诗意的语言形式之一,是语言的信息功能和美学功能的有机结合。它不仅在诗歌、散文、小说、戏剧等文艺作品中经常使用,而且在日常口语中也屡见不鲜。它使语言精练、形象、生动，增加语言的具体性、实感性、鲜明性，使人加深对事物的理解，体会真切，感受深刻。比喻用于刻画人物，可以使人物的形象更鲜明；用于状物写景，可以突出事物的特征；用来说明事理，可以使深奥的道理变得浅显易懂。

(2)分类

英语中常见的比喻一般有明喻和暗喻两类。

第一，明喻。英语明喻与汉语明喻基本相同，它也是用性质不同却有相似点的事物来描绘另一种事物。明喻一般由本体、喻体、喻词三部分构成，其基本的表达方式为“甲像乙”。本体和喻体同时出现，并且用喻词加以连接，如 as，as if，as though，as…as，like，seem 等。在英语表达中，常用的比喻词有 like，as。在语言使用过程中，增加明喻修辞的使用，能够拓宽读者的联想，提高读者对中心思想的把握程度。同时新奇的比喻还能加深读者的印象，使用通俗的比喻表达，对于读者对抽象事物的了解也有积极的促进作用。英语明喻是一种最简单和应用最广泛的修辞方法，其可用于文学作品和非文学作品。例如：

There now exists a kind of glass so sensitive to light that, like photographic film, it will record pictures and designs.

现在有一种对光十分敏感的玻璃，它像胶卷一样能记录图像和图案。

He entered the penumbra of the storm slowly, marveling at the light, at the horizon drawn back like a bow.

(Lawrence George Durrel: *Mount Oliver*)

他慢慢地走进了那风暴的明暗相交的处所，惊奇地望着那拉紧得像一把弓似的明亮的地平线。

(钱歌川译)

另外，除了以上提到的喻词，英语明喻还可以使用其他表现方式，如 no more… than 或形容词比较级，介词短语，what, and, way, that, as it were, as well might 等。例如：

With the quickness of a long cat, (she) climbed up into the

nest of cool bladed foliage.

(Lawrence)

她以大猫样的敏捷爬进了由凉爽的簇叶构成的巢里。

You might as well expect the sun to rise in the west as expect me to change my opinion.

你想要我改变意见,就和想要太阳从西边升起一样。

A word and a stone let go cannot be recalled.

说出来的话像丢出去的石头是收不回的。

He had no more idea of money than a cow.

(Galsworthy)

他对于金钱像牛对于金钱一样,一无所知。

The pen is to a writer what the gun is to a fighter.

作家的笔犹如战士的枪。

The best work is done the way ants do things—by tiny, tireless and regular additions.

最好的作品都是像蚂蚁干活那样完成的——通过点滴、不懈、经常不断的增补而成。

第二,暗喻。英语暗喻所包含的内容比汉语的隐喻广泛,具有汉语隐喻、借喻和拟物三种修辞格的特点。它不用比喻词,而是直接把喻体当作本体来描述,其比喻关系隐含在全句中。隐喻的表达方式灵活多变,可大致分为以下三种类型。

喻体全隐式。表面上喻体并未出现,却以适用于喻体的词语来充当喻体。这需要读者根据语境进行分析,寻找真正的喻体。例如:

Some books are to be tasted, others to be swallowed and some few to be chewed and digested.

(Francis Bacan:*Of Studies*)

一些书浅尝即可,另一些书则要囫囵吞下,只有少数的书才值得咀嚼和消化。

喻体半隐式。此式中的喻体通常是动词的名词形式,通过这个动词来发现这个名词所具有的喻体的特征。例如:

He doesn't have an idea of his own. He just parrots what other people say.

他没有自己的观点，只会鹦鹉学舌。

喻体直陈式。将本体等同于喻体，这种方式强化了语言表达的逻辑力量。例如：

A book that is shut is but a block.

总是合着的书只不过是一块砖头而已。

3.英汉比喻文化的异同总结

在分别分析了英汉比喻文化之后，就对英汉比喻文化的相同点和不同点非常清楚了。二者的相同之处体现在以下几个方面。

(1)以事理比事理。这是用一种事情的道理来比喻另一种事情的道理，叫作"事理的比喻"。例如：

但我以为一切文艺固然是宣传，而一切宣传却并非是文艺，这正如一切花皆有色(我将白色也算作色)，但凡颜色未必都是花一样。

She moved her cheek away from his, looked up at him with dark eyes, and he kissed her, and she kissed back, longtime soft kissing, a river of it.

(R. J. Waller: *The Bridges of Madison County*)

她挪开了脸颊，抬起头来用眼睛望着他。于是他吻她，她回吻他，长长的，无限温柔的吻，如一江流水。

(梅嘉 译)

第一例用对花的描述来说明有关文艺的道理，第二例则把长吻比喻像"一江流水"。

(2)以事物比事物。这是用某种具体的东西来描写另一种东西的形象，叫作"形象的比喻"。例如：

他确乎有点像棵树，坚壮，沉默，而又有生气。

Love is life in its fullness like the cup with its wine.

(Rabindranath Tagore: *Stray Bird*)

爱就是满盈的生，正如酒满盈着杯。

（白飞 译）

第一例用“树”来比喻他“坚壮”“沉默”“有生气”的品质。第二例用一种东西来比喻另一种东西。

二者的不同之处包括以下方面。

英语隐喻涵盖的范围包括类似汉语拟物、类似汉语借喻、类似汉语隐喻三种修辞格。现分别举例如下。

汉语拟物是把人当作物，或把某事物当作另一事物来描述。例如：

Inside, the crimson room bloomed with light.

里面，那红色的房间里灯火辉煌。

在这个例子中，room 被当作“花木”。

Laws (are like cobwebs, they) catch flies but let hornets/wasps go free.

法律像蛛网，只捕苍蝇而放走马蜂。

在上述例子中，flies 比喻“小坏人、小罪犯”；hornets/wasps 比喻“大坏人、大罪犯”；它们都是喻体，但都包含着一个未言明的本体。

He has an iron will and gold heart.

他有钢铁般的意志和一颗金子般的心。

在本例中，中心词 will 和 heart 均为本体，iron 和 gold 均为喻体。

（二）英汉拟人文化对比

1. 汉语拟人

拟人，就是把生物或者无生物当作人，给它们具有人的思想感情、声情笑貌。它可以使没有生命的东西栩栩如生，使有生命的东西可爱可憎，从而引起读者的共鸣。

之所以要把物拟作人，是因为当我们的感情比较激动时，就觉得外界万物与我们心心相通，就会不自觉地把描述之物赋予人的言行和情感。这样的表达最易引起共鸣，从而表现出生动而富有情趣的艺术效果。例如：

和多姿的花儿们恋爱整个夏天

我是忙碌的。

（羊令野《蝶之美学》）

春天的口子咬住了冬天的尾巴，而夏天底脚又常是紧随在春天的身后；这样，谁都将孩子的母亲三年快到的问题横放在心上。

（柔石《为奴隶的母亲》）

除了拟人，汉语中还存在拟物。拟物有两种，一是把人当作物，二是把这一物当作另一物。

第一，一物当作另一物。例如：

一句话溅起了全堂的掌声。

（孟晓云《天空与大地之间》）

在这个例子中，用“溅”来形容“话”，是把话当作液体。

第二，把人当作物。把人同物进行区别是人类认识世界的第一步，但是人同物也具有某种相似之处。例如：

“你？你有了本事啦！你的尾巴翘上天！”

（张天民《路考》）

在本例中，人被当作长尾巴的狗，这显然是很不友好的。

量词的超常运用是拟人和拟物的重要手段。不同的事物名词需要与不同的量词搭配，如一位学者、一口井、一缕轻烟等。量词使用不正确，是负偏离现象。但是，在具备必要条件之后，这种用法也可以成为正偏离现象。例如：

你在蒙娜丽莎的背影中

唇间含一朵美丽的沉默

（张健《梦是长长的斜坡》）

我不追思一缕梦的失落

（沉冬《栖留》）

在第一个例子中，将用于“花”的量词“朵”，用于“沉默”，是把

“沉默”当作花；在第二个例子中，将“梦”比作“烟”，用量词“缕”来修饰。

2. 英语拟人

英语拟人的修辞格是把物当作人来描写的修辞手法，赋予各“物”以人类特有的言行和思想感情，使表现对象栩栩如生。拟人修辞的常见方式有以下几种。

(1)把抽象概念当作人来描写。例如：

These little thoughts are the rustle of leaves; they have their whisper of joy in my mind.

(R. Tagore: *Stray Birds*)

这些思维是绿叶的簌簌之声啊；他们在我的心里，愉快地微笑着。

在本例中，拟人手法使得 thoughts 这个抽象概念有了人的属性——微笑。

How soon hath Time, the subtle thief of youth, stolen on his wing my three and twentieth year!

(John Milton)

时间，这个狡猾的小偷，盗窃了我二十又三年，又飞走了。

在这个例子中，约翰·弥尔顿把时间比作一个“盗窃青春的狡猾的小偷”。

(2)把动物、植物当作人来描写。例如：

He glanced at the dew-covered glass, and it winked back at him.

他看了看沾满水珠的玻璃，它向他眨了眨眼。

在本例中，拟人手法的运用使得无情无义的植物变得有情有义。

(3)把物体、无形的自然现象等当作人来描写。例如：

Australia is so kind, just tickle her with a hoe, and she laughs with a harvest.

(D. Jerrold)

澳大利亚是这么可亲，只要用锄头使她发痒，她就会带着收获笑逐颜开。

该句用拟人的手法形象地说明了澳大利亚土壤肥沃、物产丰富。

3. 英汉拟人的异同

英汉拟人的相同之处表现在以下方面。

(1)常与呼告修辞格混合使用。当与呼告并用时，可以表达强烈的感情，容易引起读者的共鸣。例如：

O judgment, thou art fled to brutish beasts,

And men have lost their reason!

(W. Shakespeare: *Julius Caesar*)

唉，理性啊！你已经遁入野兽的心中，

人们已经失去辨别是非的能力！

上述例子猛烈、尖锐地抨击了黑暗现实，震撼人心，这正是并用呼告的好处所在。

(2)拟人的手法相同。用描写人的词语来描写物，使之人格化。例如：

In November a cold, unseen stranger, whom the doctor called Pneumonia, stalked about the colony, touching one here and there with his icy fingers. Over on the east side the ravager strode boldly, smiting his victims by Scores.

(O. Henry: *The Last Leaf*)

十一月间，一个冰冷冷的、未曾受人注意的陌生人偷偷地在这个艺术家聚会区徘徊，这个人被医生称为肺炎，他在各处用冰冷的手指往人身上碰一碰。到了本地区东部，这个恶棍猖狂地横冲直撞起来，大批地侵袭他的残害对象。

在此例中，“陌生人”“恶棍”“手指”“徘徊”“碰一碰”“横冲直撞”“侵袭”和“猖狂地”等本来是用来形容人的词汇，却用来描述昔日令人谈之色变的肺炎，从而逼真、形象地展现了肺炎的恐怖与猖狂。

英汉拟人的不同之处表现在以下方面。(1)因为语言和文化的差异,词汇化拟人也不是完全对应的。例如,英国人喜欢航海,因此许多与航海有关的概念得到词汇化,包括 hand(交出,传递)、virgin voyage(处女航),nose(探路),virgin peak(没人攀登过的山峰),eye(在……上打孔),virgin wool(未加工的羊毛),shoulder(肩扛),virgin whiteness(纯白),virgin gold(纯金),foot(行驶),face(面向),back(背靠)等。就某些概念而言,其在英语中用词汇化表达法,在汉语中却用分析型表达法;或者在英语中用分析型表达法,在汉语中却用综合型表达法。汉语指称系统中拟人表达词汇化程度较高;英语动词系统中拟人表达词汇化程度较高。汉语中复合词较多,英语中单纯词较多。汉语利用造词法寓新义于新词,按照传统规则就可以简单地创造新词;英语利用引申、比喻等手段寓新义于旧词,词义演变越来越宽。(2)汉语指称系统中的词汇化拟人表达法非常丰富。因为中国人比较注重指称的具象性,所以才造出形象性的语词。汉语类比式指称包括"自界""人"和"人为物"三个要素。中国人习惯将自身和世界万物进行类比,因此创造了许多词汇。例如,山头、山腰;屋顶、墙脚;人柳、童山等。(3)英语动词系统中的词汇化拟人表达法也非常丰富,词汇缺项现象在英语和汉语中都存在,就是特指的名词一般多于特指的动词。但是,英语和汉语弥补动词缺项的方法不同,主要是因为英语包含"结合法"的构词方法,即句子中的某个成分变成另一个成分的一部分。汉语中的许多词是兼类的,不存在转化的现象。例如,汉语中的"头"可用作名词、形容词、量词,但不能用作动词;英语中的 head 做及物动词用的时候包括十种意义,做不及物动词用的时候包括四种意义。

(三)英汉委婉语文化对比

每一种语言都讲究"文明礼貌",因此委婉语在英、汉两种语言中是普遍存在的。由于社会文化习俗的差异,每一种语言中都有着不尽相同的禁忌词语或话题。为了达到交流信息的目的，人们就采用一些模糊的表达方式，也就是委婉语，这样可以有效地避免引起不快或感情损害，减轻交际压力。

1.英汉委婉语文化背景对比

委婉是“润滑”人际关系的一种重要手段，它的产生有其特定的文化背景。

(1)英语委婉语的文化背景

第一，种族。西方社会，尤其是美国存在着明显的种族歧视现象。美国的土地上生活着多个民族和国家的人，如德国人、瑞典人、爱尔兰人等，所以美国的种族呈现出多样性的特点。到达美国东海岸的第一批移民大部分是来自欧洲的盎鲁格—撒克逊人，他们很快控制了政治和经济，他们的文化价值占有绝对的统治地位，后来的其他移民需要经过长期奋斗才能进入美国主流社会，但是不一定能成功。那些与统治者具有种族联系的人比较容易取得成功；而那些与统治者缺乏关联的人则会受到歧视，不能有同等的机会。这种文化现象也体现在语言上，所以美国英语包括大量歧视其他民族的称谓，如称捷克人为 bohoe，称爱尔兰人为 mick，称日本人为 skibby 等。反种族主义者试图清除这些含种族歧视的不逊语，提倡在言外行为上获得非种族歧视的委婉效果。

第二，宗教。关于宗教的起源，学者们的说法不一。有些学者认为，委婉语起源于宗教迷信，据此可以推断人类最早的委婉语是对神祇的婉称。另外一些学者认为，古希腊人因为对凶恶的女神感到畏惧，就故意处处回避，在祭祀时不敢直接称呼她们为 Furies，而婉称为 The Eumenides(受尊敬的人)等。人们也同样畏惧其他神祇，如死神，因为死神主宰着人的死亡，于是古人用拟人的手法给死神取了很多美名。古人给神祇取很多美名，一方面是为了安抚神祇求其保佑，另一方面是人们认为给神祇取很多名字显示了自己的优越感。

基督教是西方的主流宗教，它对美国的文化有着深刻的影响。其强调神的主宰地位，认为上帝的地位至高无上。上帝创造了天地以及天地万物，最后按照自己的形象造人，还赐福给他们。他不仅仅赐予人类躯壳、灵魂，还赐予人类管理天地万物的权利。但是，如果人类在地上表现出种种不良的行为，上帝就可以消灭人类。英语中有关死亡的委婉说法很多，这里仅仅举其中一例。例如：

Is it not sufficient for your infernal selfishness, that while you are at peace I shall writhe in the torments of hell?

当你在天堂里安息的时候，我将在地狱中痛苦地煎熬，这还不足以使你内心的自私得到满足吗？

第三，社会价值观。东西文化差异在社会价值观上的体现也非常明显，这就必然影响着各自文化中委婉语的发展。英美文化强调个人主义，注重独立和进取，家庭结构松散。子女成人后就与父母分开居住是西方社会的传统习惯，虽然存在社会养老机制，但是仍然无法避免老人的孤独感，因此"老"就成了生活中的一个大忌，英语中有关"老"的委婉语很多，如 a senior citizen, golden years 等。

(2)汉语委婉语的文化背景

第一，迷信思想、道教和佛教。在原始社会，鬼魂崇拜相当发达，而且至今仍有广泛的影响，它的理论依据是"灵魂不死"说。在远古时代，人们还不知道自己身体的构造，不能解释做梦、生死等现象。因此，人们就错误地认为有一种不随形体的死亡而消失的精神实体——灵魂。它不会死亡，也不受时间和空间的限制，具有超人的能力，久而久之，不死的灵魂就成为原始人普遍崇拜的对象。在这种观念之下，死亡被认为是由此世转到了彼世，"去世""逝世""辞世""绝世""转世"等委婉语即由此而来。

鬼魂崇拜发展到东汉时期，经过和老庄哲学的结合，最终形成了另一种宗教形式，即道教。道教是根植于中华传统文化土壤之上的本土宗教，它已经是一种人为宗教。它有着完备的理论系统，其在言语上的忌避比起原始宗教更加规范化。道教的最终目标是“得道成仙”，凡人也可以通过修道，成为肉体和灵魂永生的神仙。修道之人的理想是“飞升”“成仙”“上仙”“仙逝”等，并且传说中的神仙常常是骑着仙鹤而去，因此后来修道人的死便被称为“飞升”“成仙”“上仙”“仙逝”等。

佛教是西汉末东汉初传入中国的外来宗教，它经过长期的改造、重构并与中国的传统文化相融合之后，一度成为国教，流传时间最长和影响最大。佛教对“死”也忌避，也使用委婉语，但这些委婉语的含义是不一样的。很多词语本是印度佛教中佛经词语的音译或意译，后来随着佛教的中国化而被融入汉语中，并被人们用作委婉语。例如，佛教的最高境界是“涅槃”，“圆寂、入寂、归寂、灭度、灭安、人灭”是“涅”的意译。高僧临终之时，常常端坐而逝，称为“坐化”或“坐脱”。后来，随着佛教的中国化，这些词语便被作为“死”的委婉语存在于汉语语言库中。

第二，传统文化。儒家主张在社会交际中讲究“和为贵”，尊敬对方，不愿冒犯干扰对方，因此在说话时态度往往含蓄、礼让、谦和。儒家哲学强调“礼”，主张克制自己。离开了“礼”的准则，人们之间的政治等级关系和血缘伦常关系都难以维持。儒家的“礼”实际上是一种社会价值秩序，其核心是严格的等级制。这种“礼”的观念必然反映在语言中，导致所选用的词语、语气等都要和伦理角色相适应。因此，在人际交往中，按辈分称呼、用官衔称呼是礼貌举止。中国作为世界著名的礼仪之邦，一直强调儒家“中庸”“和谐”的价值观，因此“中庸”“和谐”向来是汉民族文化的一项重要内容。所谓“中”，是指人的喜怒哀乐尽量不表现在外；所谓“和”，是指喜怒哀乐即使要表现出来，也要适当地加以限制。中庸之道在人际关系上体现为和平温良的态度，它也造成了汉民族内向、委婉的民族心理特征，委婉的表达方式就是它在语言上的反映。

据考证，汉语名字的避讳至少起源于周代。进入封建社会以后，名字避讳便带有浓厚的封建阶级色彩，达到了系统化和制度化的程度。“避讳”分为“公讳”和“私讳”，其中“公讳”对汉民族的语言影响最为深远。中国一跨入封建社会,皇帝就是神圣而不可侵犯的人,就连“皇”字也成了皇帝的私有财产。不仅如此,甚至皇帝名字的同音字或同形字,都在禁忌之列。例如,《三国志》的作者陈寿,为避晋宣帝司马懿讳,书中提到并州刺史“张懿”时均改为“张壹”。

委婉表达法,不但是汉民族文化的一种反映,更是它的价值评价。汉民族历来非常重视儒家的“中庸”“和谐”的价值观,它是汉民族文化的一项重要内容。

2. 英汉委婉语的内涵对比

英语中的 euphemism(委婉语)一词源自希腊,就是“用好听的话或令人愉快的方式表达”。例如,用 pass away 代替 die,用 queer 代替 homosexual。汉语中的委婉语,也称为“微辞”等“婉曲”,就是不直言本意而用委曲含蓄的话来烘托暗示。

有些研究者认为,英汉委婉语是完全对等的修辞手法。但是,语言作为文化的载体,体现了文化差异,所以委婉语必定体现不同的文化内涵,具体如下。

第一,英语委婉语强调“关爱”的情感内涵。英语委婉语避免触犯他人,强调使人高兴,反映了人与人之间“关爱”的情感内涵。而汉语委婉语只强调用迂回曲折的方式暗示出不能和不愿直说的话,其原因不局限于“关爱”的范围。英语中表示死亡的方式有几百种,如名词短语 the call of the god,the final departure,动词短语 to go home,to be at rest,to have a better place,pass away 等,把“死亡”比作“回家”“睡觉”“休息”等平常事,以此来减轻悲伤。而汉语中表达各种情感的“死亡”委婉语包括“安眠”“安息”“长眠”“长寝”“辞世”“玉碎香埋”“玉殒香消”等。

第二,英汉委婉语的侧重点不同。英语委婉语习惯于使用词语来代替原来的表达用语,而汉语则用曲折含蓄的话语来暗示原意。从表层结构看,汉语委婉语包含更多的词语。从语义内涵看,汉语委婉语的表层含义与深层含义距离更大。例如:

国破山河在，城春草木深。感时花溅泪，恨别鸟惊心。

（杜甫《春望》）

（四）英汉夸张文化对比

1.相同点

英汉两种语言中的夸张还存在着许多相同之处，主要表现在以下几个方面。

（1）英汉夸张从本质上来看都没有违反质量准则。夸张在本质上都是符合事实，绝对真实的。例如：

His eloquence would split rocks.

雄辩的口才能开岩裂石。

上例中的意思在现实中是不可能存在的，但是这位“让顽石裂开”的先生有着绝妙的口才也是不争的事实。

燕山雪花大如席。

（李白《北风行》）

上句如果用很平淡的表达“燕山雪大”，则不能真实地传达出作者心中真实的、非极言而不能表达的感受。

从上面两个例子可以看出，夸张在本质上没有违反质量准则，因此可以在会话中使用，并使会话可以顺利进行。

（2）英汉夸张都具有言过其实的特点，通常借助言过其实来表现事物的本质，渲染气氛，加深读者的印象。例如：

Hamlet：I love Ophelia，forty thousand brothers could not，with all their quantity of love，make up my sum.

哈姆雷特：我爱奥菲莉亚，纵集四万兄弟之爱，也抵不上我对她的爱情。

他们看见那些受人尊敬的小财东，往往垂着一尺长的涎水。

（毛泽东《中国社会各阶级的分析》）

2.不同点

当然，英汉两种语言中的夸张也存在很多不同之处。

第一,英语多借用一些构词法进行夸张,而汉语则多通过选词用字来表现夸张。例如:

He limped slowly, with the blood pounding his temples, and a wild incommunicable joy in his heart. "I'm the happiest man in the world." He whispered to himself.

他一瘸一瘸慢走着,血液冲击着太阳穴,心中充满着无以言表的喜悦,一边走一边自言自语道:"我是世上最幸福的人"。

上例中,他不可能是世界上最幸福的人,采用夸张的修辞手法,用于表达他当时一种强烈的感受。在英语原文中,夸张是利用形容词的最高级形式(the happiest),其实并没有比较的意思。读者可以从这种夸张的口气中体会出作者强烈的思想感情。而汉语译文则在"幸福的"这一形容词前加上"最"字来表现夸张。此外,汉语中还可以用其他词语来体现夸张。例如,绝代佳人,尽人皆知,举世无双等。

第二,虽然英语和汉语中都有扩大夸张和缩小夸张,但汉语中使用缩小夸张较英语中更为频繁,而且汉语中有英语中所没有的超前夸张。

第二节　中西修辞翻译策略

研究中西修辞的差异,最终是为中西修辞翻译服务的。在第一节中将中西修辞进行了对比,本节就在此基础上探讨中西修辞翻译的策略。

一、英汉比喻文化翻译策略

比喻的修辞在日常语言使用中十分广泛,因此在翻译中应该对其尤其重视。由于中西方语言使用的差异性,在对比喻进行翻译时,应具有灵活、开放的思维,从而保证译文的质量。

明喻是经常使用的一种修辞方式,其通过本体和喻体之间的关联，能够增加语言的表达效果。了解明喻的结构，就为翻译方法的掌握奠定了基础。具体来说，明喻的翻译可以使用以下几种方法。

（一）形象增添策略

在实际翻译过程中，为了增加译文的形象性，使译文更加符合译入语的表达习惯，译者可以适当增添形象表达。这种翻译方法能够提高读者的接受程度，同时还便于文化之间的传播。

（二）形象省略策略

认识到英汉语言之间的差异性，对于翻译有着重要的影响。由于这种差异性的存在，在对明喻进行翻译时，不可能全部找到对应的表达方式和比喻形象。这时译者可以采用形象省略的方法。翻译的目的是提高译语读者对作品的了解，因此省略方法的使用应该以此为前提，应在再现原文含义的基础上进行。

（三）形象替换策略

英汉两种语言使用过程中，不可能全部都能找到对应表达。在明喻翻译过程中，遇到此类情况可以采用形象替换的方式，从而再现原文的表达效果。

（四）形象再现策略

如果原文中比喻的形象可以在译文中保留下来并能传达原有的喻义，译者就需要尽量保留源语的形象。事实上，很多明喻在意义、形象或风格上都与汉语的明喻存在一定相同或近似的地方，所以翻译时就可以再现源语形象。

请看下面译例：

He was sure that since her disappearance from home this great，water-girt city held her somewhere，but it was like a monstrous quicksand，shifting its particles constantly，with no foundation，its upper granules of to-day buried to-morrow in ooze and slime.

(O. Henry: *The Furnished Room*)

自从她离家出走之后，他知道准是这个滨水的大城市留住了她，把她藏在什么地方；可这个城市像是一片无底的大流沙，不断地移动着它的沙粒，今天还在上层的沙粒，明天就沉沦到黏土污泥里去了。

对于上述原文中比喻的翻译，译者采用了形象再现的方法，从而还原了原文中营造的意象，便于读者对作品的感受。

暗喻又称“隐喻”，是只有本体和喻体而比喻词不出现的一种修辞。当代英语著名翻译理论家彼得·纽马克(Peter Newmark)提出了隐喻翻译的七个步骤。

(1)Reproducing the same image in the TL provided the image has comparable frequency and currency in the appropriate register

(2)Replacing the image in the SL with a standard TL image which does not clash with the TL culture

(3)Translation of metaphor by simile, retaining the image

(4)Translation of metaphor(or simile) by simile plus sense (or occasionally a metaphor plus sense)

(5)Conversion of metaphor to sense

(6)Deletion

(7)Same metaphor combined with sense

根据纽马克的观点，在译语可以同等接受的条件下，隐喻翻译首先应考虑形象的重现；其次应考虑用译语形象替代源语形象的问题；然后考虑用明喻译出隐喻，同时保留形象；接下来考虑用明喻译出隐喻，并且译出喻义；再次则直接译出喻义；最后略去隐喻以及保留隐喻并译出喻义。例如：

…he had long known subconsciously that his father was not “the clean potato”.

(J. Galsworthy: *In Chancery*)

……他很久以来就模模糊糊地意识到他的父亲不是一个正派的人。

If he is unhappy with her… why doesn't he leave her? She can be happy without him. It is so silly—this cat-and-dog existence.

(T. Dreiser: *The Titan*)

假使他同她在一起并不幸福……他为什么不离开她呢？她没有他还可以幸福。这是多么无聊呀——这种经常吵吵闹闹的生活。

这两例中 the clean potato 和 cat-and-dog 都是极富文化色彩的隐喻。它们在汉语中没有对应的对象，所以译文应删除形象，将喻义直接译出。

…and when she sat at her piano trilling songs with a lightsome heart, the stranger voted himself in a little paradise of domestic comfort…

(William Thackeray: *Vanity Fair*)

……陌生人看见她无忧无虑地坐在钢琴旁边唱歌，总觉得这是美满家庭，人间乐园……

It (her speaking) was a difficult road, and she got mired; but after a little she got started again.

(Mark Twain: *The Man That Corrupted Hadleburg*)

她说她就是在走一条艰难的路，陷入了泥潭后，挣扎了一会儿又继续跋涉。

上述例子中的“美满家庭，人间乐园”和“艰难的路”分别是对源语形象 a little paradise of domestic comfort 和 a difficult road 的再现。

二、英汉拟人文化翻译策略

拟人修辞的使用能够带动读者的感官、丰富其想象，提高对文章的阅读兴趣。在对拟人修辞进行翻译的过程中，可以使用以下策略。

(一)直译策略

由于拟人这种修辞手法常见于英汉两种语言中,而且两种语言中的修辞还有许多的相似之处,因此在翻译的时候可采用直译法。直译法的使用还可以使译文更加生动,并很好地再现原文的形象。例如:

And certainly, whenever the wind blew, the Reed made the most graceful curtseys.

这倒是真的,风一吹,芦苇就行着最动人的屈膝礼。

Here, in the Palace, the air was close and heavy, but in the forest the wind blew free, and the sunlight with wandering hands of gold moved the tremulous leaves aside.

在这儿,宫里,空气是郁闷的,可是林子里风自由自在地吹着,日光用飘动不停的金手拨开颤抖的树叶。

He had taken rank at a bound, waked up a national glory.

他一跃成名,唤醒了一个民族的光荣感。

Yonder sky that has wept tears of compassion upon my people for centuries untold, and which to us appears changeless and eternal, may change.

数不尽的世代以来,渺渺苍天曾为我族洒下多少同情之泪;这个在我们看来像是永恒不变的苍天,还是会变的。

Crime burst in like a flood;modesty, truth, and honor fled.

罪恶像洪水一样泛滥成灾,谦虚、真理和尊严逃得无影无踪。

(二)意译策略

实际上,直译法并不适用于所有拟人修辞格的翻译。由于英汉两种语言在表达习惯上有着很大的差异,因此为了使译文更加符合汉语的表达习惯,在翻译拟人修辞格的时候就要采用意译法。例如:

The ship sadly caught fire and the plans to make her a floating museum died in the smoldering embers.

这艘船不幸着火了，于是把它建成水上博物馆的种种计划也在一片焖燃着的灰烬中泡汤了。

拟人翻译教学时可以侧重对学生想象力的培养，使学生注意观察生活中的事物。这种教学方向能够提高学生的语言使用程度，对日后跨文化交际也有着重要的影响作用。

三、英汉委婉语文化翻译策略

委婉语的翻译方法包括以下几个。

（一）进行语用对比策略

译者应考虑到语境因素，并对源语和目的语进行语言语用对比和社交语用对比，对委婉语的含义进行仔细的推敲，从而实现情感褒贬得当，含蓄程度适度，语体风格相符的目的。

（二）保留言外之意策略

尽量将原文中的委婉语译为目标语中的委婉语，只要可以直译的就要采取直译，以使原文的语言结构形式与风格不变。

如果目标语中可以保留委婉语的言外之意，那么译者就可以采取直译的方法。

（三）注意文化色彩策略

具有文化色彩的委婉语包括以下四种。

第一，为了将异域文化传达到目的语中，保留原文形象。

第二，为了便于读者理解，用目标语文化中的形象代替源语中的形象。

第三，如果目标语文化中没有此类委婉语，就翻译成直接的语言。

第四，用脚注或简洁的语言来补充说明作者的真正意图。[①]

以下是委婉语翻译的具体译例。

Thousands of people flocked to the hospital to pay their respects to the remains of the great film star.

成千上万的人涌进医院，瞻仰这位伟大的影星的遗容。

例中的 the remains 代替了 the corpse，译文的"遗容"符合原文的语体风格。

But he had been beaten to death by the great wave, and his generous heart was stilled forever.

(Charles Dickens: *David Copperfield*)

但是他已经让大浪硬给打死了，他那颗侠义高尚的心，永远停止搏动了。

On the 14th of March, at a quarter to three in the afternoon, the greatest living thinker ceased to think. He had been left alone for scarcely two minutes, and when we came back we found him in his armchair, peacefully gone to sleep—but forever.

(F. Engels: *Speech at the Graveside of Karl Marx*)

3 月 14 日下午两点三刻，当代最伟大的思想家停止思想了。让他一个人留在房间里总共不过两分钟，我们再进去的时候，发现他在安乐椅上安详地睡着了——永远地睡着了。

以上两个例中的 his generous heart was stilled for ever, ceased to think 都是 die 的委婉语。采用直译的方法。

四、英汉夸张文化翻译策略

(一)异化策略

英汉两种语言中夸张使用十分普遍，也存在一些相似之处，因此为了更好地保持原文的艺术特点，可采用异化策略进行翻

① 邵志洪.英汉对比翻译导论[M].上海：华东理工大学出版社，2010：386.

译。例如：

We must work to live, and they give us such mean wages that we die.

我们不得不做工来养活自己，可是他们只给我们那么少的工钱，我们简直活不下去。

为了让兄弟们的肩头

担起整个大地，摇醒千万个太阳

So that our brother's shoulders

May lift the earth, arouse millions of suns

（二）归化策略

由于英汉夸张的表现手法、夸张用语，以及英汉语言的表达习惯有着很大的差异，因此不能机械照搬原文，有时需要采用归化策略对原文进行适当的处理，以使译文通顺易懂，符合译入语的表达习惯。例如：

On Sunday I have a thousand and one things to do.

星期天我有许多事情要做。

He ran down the avenue, making a noise like ten horses at a gallop.

他沿街跑下去，喧闹如万马奔腾。

第八章　中西习俗文化差异下的翻译

习俗文化涉及社会生活的各个方面，是一个国家经济、政治、文化、生活的综合反映和一个民族文化的价值观念和基本精神的体现。

中国习俗文化与西方习俗文化是中西方两种文化的反映，并且在诸多方面都存在着明显的不同。本章主要结合中西方在服饰文化习俗、饮食文化习俗、禁忌文化习俗、节日文化习俗、婚俗以及丧葬文化习俗六大方面的差异及其翻译进行具体分析。

第一节　中西服饰文化差异下的翻译

服饰不仅是一种民族物质文明，而且还折射出一个民族的精神面貌、审美情趣、宗教信仰以及文化素养等。不同民族下的人们的服饰文化历经了长期的积淀，并形成了各自的体系与风格。下面就对中西服饰文化的差异及其翻译进行研究和分析。

一、中西服饰文化差异

（一）中西服饰材料差异

1. 中国的服饰材料

中国的服饰材料体现出丰富、多样的特点，包括麻、丝、棉等。其中，丝是最具中国特色的服饰材料。早在 5 000 年前，中国就开始养蚕、缫丝、织丝，并成为世界上当之无愧的丝绸之国。更进一步说，丝是一种总称，根据织法、纹理的差异，丝还可以进一步细分为素、缟、绫、纨、绮、锦、纱、绸、罗、抽、缣、绢、缦、缎、练等，可见，古代中国的制丝工艺就已发展到了一种相当高的水平，并且充分展现出我国劳动人民的智慧。丝绸质地细腻柔软，能够用于多种类型的服装及披风、头巾、水袖等。不仅如此，丝绸具有一种飘逸的美感，穿在身上时可通过人的肢体动作展现出一幅流动的画面，具有独特的动人效果。

2.西方的服饰材料

西方服饰以亚麻布为主要材料，这主要取决于以下三个方面的原因。

其一，西方国家的地理环境更为适合亚麻这种植物的生长，并且很多西方国家都盛产亚麻。

其二，亚麻布非常容易提取，不仅有凹凸美感并且结实耐用，非常适合日常的生活劳作。

其三，在西方文化中，有着提倡个人奋斗的理念，亚麻布直接体现了这种实用主义价值观。

（二）中西服饰图案差异

1.中式服饰图案的特点

中式服装有使用表达吉祥、美好等意味的图案的爱好和倾向。从古到今，从高贵绸缎到民间印花布，吉祥图案可以说是随处可见。九龙戏珠、龙飞凤舞、龙凤呈祥等图案表达了中国人作为“龙的传人”的自豪，凤穿牡丹、喜鹊登梅、鹤鹿同春等图案则寄托了广大劳动人民对美好生活的希望。

2.西式服饰图案的特点

西方国家服装上的图案随着历史变迁而发生着相应的变化。最早出现的是花草图案，到了文艺复兴时期，花卉图案颇受欢迎。法国路易十五统治时期，洛可可装饰风格对服装图案产生了比较大的影响，流行表现S形或旋涡形的藤草和轻淡柔和的庭院花草图案。到了近代，野兽派的杜飞花样、利用几何绪视原理设计的欧普图案、以星系或宇宙为主题的迪斯科花样和用计算机设计的电子图案较为流行。

二、中西服饰文化翻译

（一）直译

直译就是使译文在意义、结构两个方面都与原文保持一致。在进行服饰文化的翻译时，大多数情况下都可直接采取直译法。例如：

她（夏太太）穿着件粉红的卫生衣，下面衬着条青裤子，脚上趿拉着双白缎子绣花的拖鞋。

（老舍《骆驼祥子》）

She was wearing a pink bodice, black trousers and white satin embroidered slippers.

（施晓菁 译）

（二）意译

由于汉英语言结构方面的差异，有时很难保证意义与结构的同步统一，此时为保证意义的准确，可以舍弃一部分结构，而将原文的含义如实表达出来，即采取意译法。例如：

刘姥姥见平儿遍身绫罗，插金戴银，花容月貌，便当是凤姐儿了。

（曹雪芹《红楼梦》第六回）

Pinger's silk dress, her gold and silver trinkets, and her face which was pretty as a flower made Granny Liu mistake her for her mistress.

（杨宪益、戴乃迭 译）

（三）改译

当在翻译过程中无法找到对等的表达方式时，译者应采取改译法，即采取灵活多样的处理方式，这样不仅能够将原文意义有效传递出来，而且还能使译文符合译入语读者的语言习惯。例如：

坐了一会儿，院中出来了个老者，蓝布小褂敞着怀，脸上很亮，一看便知道是乡下的财主。

（老舍《骆驼祥子》）

Presently an old man came out of the yard. He was dressed in a blue cotton jacket open in front and his face shone. You could tell at a glance that he was a man of property.

（施晓菁 译）

（四）增译

增译主要是针对源语服饰文化中内涵丰富但是在译入语中文化缺失的现象，适当增补文化内涵的方法。例如，针对畲族姑娘出嫁的必戴物品“凤凰冠”，有如下几个版本的翻译。

(1)phoenix crown

(2)phoenix coronet

(3)phoenix cornet for a woman of noble rank

(4)a headgear for a lady or bride

上述几个翻译版本大体上都能将原文译出。但是，版本(1)和版本(2)两个翻译仅是对照字面的翻译，很难让西方目标语读者很好地理解其深刻的文化内涵。对比之下，版本(3)和版本(4)的翻译适当增补了“妇女或新娘戴的帽子”等文化信息，使文化信息更为凸显。类似的例子还有很多。例如，可将“朝冠”译为 hat of ceremony 或 court hat。相应地，皇帝和皇后的朝冠可进行如下翻译。

皇冠 emperor's court hat decorated with gold dragons

这一翻译体现出帽饰有金龙为皇帝专用,凸显高贵之意。

皇后朝冠 empress' court hat decorated with gold phoenixes

这一翻译体现出帽饰有金凤凰,为皇后专用。

(五)释义

一个民族的服饰特点渗透着一个民族深厚的文化底蕴。在翻译具有丰富文化内涵的服饰时,为帮助译入语读者进行有效的理解,可在译文中进行适当解释。例如:

那时天色已明,看那人时,三十多岁光景,身穿短袄,脚下八搭麻鞋,面上微有髭须。

(吴敬梓《儒林外史》第三十九回)

It was light enough now for him to see this fellow: a man in his thirties with a stubbly growth on his chin, who was wearing a short jacket and hempen shoes.

(杨宪益、戴乃迭 译)

第二节　中西饮食文化差异下的翻译

饮食是维持人类生存所必需的物质原料,是人类生存与社会发展不可缺少的物质动力。同时,饮食也是一种社会行为,具有丰富的文化内涵。不同国家、地区和民族由于自然环境、地理气候、物产、经济、宗教、历史等诸多方面的差异而形成了各具特色的饮食文化。下面就对中西饮食文化的差异及其翻译进行分析。

一、中西饮食文化差异

(一)相关饮食动词的文化差异

在汉英语言中,存在一些由饮食动词构成的短语、俗语、句子等,这些与饮食相关的动词不仅涉及社会生活的诸多方面,并且还在社会生活中运用得比较广泛。下面主要结合汉语中的“吃”和“饮”和英语中的 eat 和 chew 相关的表达进行对比分析。

就汉语文化中与“吃”相关的表述来看，就存在着多种褒贬含义。具体如表 8-1 所示。

表 8-1 汉语中与“吃”相关的语用含义

与“吃”相关的动词	相应的语用含义
吃紧	情况危急
吃喜鹊蛋	用来表示高兴之意
吃定心丸	得到保证和安慰
吃饱了撑的	没事找事
吃后悔药	事后后悔

再如，汉语中与“饮”相关的表达中，“饮誉”和“饮恨”所表达的褒贬色彩也不相同。

在英语文化中，与 eat 和 chew 相关的表达也有类似的用法。例如：

eat humble pie 低声下气地道歉

eat a muffin 顺利完成某事，犒赏自己

chew the cud 想问题、办事情反复考量、深思熟虑

chew the fat 有一搭没一搭地闲聊

汉英饮食动词还都可以用来喻事、状物、说理或言情。例如，汉语中的一些表述。

贪多嚼不烂：用来告诫人们莫贪心。

把吃奶的劲儿都使出来了：用来形容耗尽全力做某事。

寅吃卯粮：一方面用来指不会持家，过度透支，另一方面指吃了上顿没下顿。

味同嚼蜡：用来形容语言或文章枯燥乏味。

上楼吃甘蔗，节节高，步步甜：用来喻指生活越来越美好。

英语文化中也存在很多与饮食相关的用来喻事、状物、说理或言情的表述。例如：

Eat Cheeks!

确实如此啊!

Eaten bread is soon forgotten.

恩惠到手忘得快。

Drink and frankfurters for a dime kill a man before his time.

吃喝图便宜,死得会提前。

Eat not cherries with your lord.

莫与主人一起吃樱桃。

(二)中西饮食速度差异

中西民族文化下的人们在进餐速度方面也存在着明显的不同,主要有如下方面的体现。汉民族文化下人们进餐的速度相对比较缓慢,人们注重在饮食过程中享受进餐的乐趣。在汉语饮食过程中,儒家文化下的“礼”得到了很好的体现,人们享受在进餐过程中觥筹交错的热闹场面。西方文化下的人们在进餐的过程中讲究速度。这种惜时如金的价值观念与西方人快节奏的生活方式和先进的城市文明有着直接的关系。

(三)中西餐具使用差异

中西文化下的人们在餐具使用方面也存在着诸多不同,具体体现在以下两个方面。

1.中国人常用的餐具

在就餐过程中,汉民族文化下的人们所使用的餐具大多以筷子为主,有时也会使用汤匙,同时还会使用一些杯、盘、碗、碟等。其中“筷子”是汉语饮食中具有“标志性”的餐具。

汉民族文化下的筷子兼具物理、生理、鉴赏以及收藏这几大价值意义。筷子作为助食餐具,其最基本的动作是“夹取”,若对筷子的功能进行具体分析,它还具有(1)刺;(2)拨;(3)剥;(4)卷;(5)撕;(6)挑;(7)分;(8)搅;(9)拌;(10)折;(11)压;(12)拆;(13)捞;(14)送;(15)放;(16)叉;(17)切;(18)运等具体功用。筷子作为烹饪工具有很多广阔的运用空间如捞汤面、按馅料等。常规规范的筷子用法具体如图 8-1 所示。

图 8-1　规范的筷子用法

在古代，筷子被称为“箸”。根据相关研究表明，汉代之后筷子才得到了普遍的使用。后来，伴随着生产力水平的提升和科技的发展，又相继出现了不同材料、各式各样的筷子。例如，塑料筷、象牙筷、银筷、玉石筷等。用筷子进餐的方式很好地体现了中国人性格温和，主张以“和”为贵的民族文化特点。但是，在使用筷子时，也有很多文化禁忌，如禁止一次性夹取食物过多，禁止在盘子中乱翻、禁止箸指他人（即在餐桌上用筷子指点他人）、禁止筷子倒置或错配、禁止落箸（筷子从手上脱落或掉落地面）等。

2. 西方人常用的餐具

西方文化下的人们在进餐时以刀叉为主，并辅助以切、扎、戳的动作进食。在餐具的具体使用过程中，通常是左右开弓，边切边叉，吃得有条不紊。在用餐过程中，刀叉摆放为“八字形”。具体如图 8-2 所示。

图 8-2　西方刀叉“八字形”摆放图示

在刀叉使用过程中，比较注重前后程序，通常是先切割再叉取，就好像在工作中先计划再实施任务一般，体现出西方人条理清晰、富于逻辑性的特点。西方的餐叉类型多样，比较常见的具体如表 8-2 所示。

表 8-2　西方餐叉类型

餐叉类型	餐叉功能
四齿叉	主餐叉
三齿叉	沙拉叉
两齿叉	甜品叉

二、中西饮食文化翻译

（一）直译

直译在对饮食文化进行翻译时得到了广泛的运用。这种翻译方法比较适合那些直接按照字面意思翻译就能使外国人明白其基本含义的饮食文化的翻译。例如：

苞谷酒 Corn Wine

醪糟 Fermented Glutinous Rice/Com

桑葚酒 Mulberry Liquor

再如，在翻译汉语中的一些烹饪方式时也经常采用直译法进行翻译。具体如表 8-3 所示。

表 8-3　常见烹饪方式的直译

汉语	英语
蒸	steam
切丁	dice
打鳞	scall
剥皮	skinning
切	slice

续表

汉语	英语
去骨	boning
炖	simmer
捣烂	mash
切柳	fillet
爆	quick-fry
煎	panfry
煮	boil
熏	smoking
炸	deep-fry
炒	stir-fry
烧	braise
烘	baking
切片	slice
烧烤	roast
文火慢炒	slowly fry
搡捣	pound
酿入	stuff
磨	grind
干煸	dry-fry
洗	wash
捏成(圆形)	pinch
浸	soak
浇油烧	baste
包(粽子)	wrap
舀出来	scoop up

(二)意译

有些汉文化下的菜谱名称很难从字面上表明其真正含义,这时就需要采用意译的方法进行翻译。例如:

龙凤呈祥 Stewed Snake Meat and Chicken

发财好市 black moss cooked with oysters

乌龙吐珠 Sea Cucumber with Quail Eggs

金华玉树鸡 sliced chicken and ham with greens

霸王别姬(甲鱼烧鸡块) broiled chicken cutlets with turtle

金玉满堂(虾仁鸡蛋汤) shrimp and egg soup

跳水兔 Diced Rabbit with Pickles

大拉皮 Tossed Mung Clear Noodles in Sauce

红烧狮子头 Stewed Pork Ball in Brown Sauce

拉面 Hand-Pulled Noodle Soup

手擀面 Hand-Made Noodles

担担面 Noodles with Minced Pork in Sichuan Style

蒜沾面 Noodles with Minced Garlic Sauce

担仔面 Noodle Soup with Shrimp and Bean Sprouts in Taiwan Style

菜煨面 Stewed Noodles with Vegetables

炸酱面 Noodles with Soy Bean Paste

双丸汤面 Noodle Soup with Fish and Shrimp Balls

(三)倒译

在对汉语饮食文化进行翻译时,倒译策略具体指的是按照英语的结构特点将汉语的词序完全倒置的策略。例如:

汤面 noodles in soup

咖喱鸡 chicken curry

卷筒兔 rabbit rolls

白汁鱼唇 fish lips in white sauce

芙蓉海参 sea cucumbers with egg white
风尾鱼翅 shark's fin in the shape of phoenix tail
八宝酿鸭 duck stuffed with eight delicacies
醋椒三鲜 three vegetables in hot and sour sauce

(四)拼音加注

拼音加注法是指采用汉语拼音和英语解释相结合的翻译方法将中国菜的风格与味道表达出来。例如：

罗汉大虾 Lohan giant prawns
东坡肉 Dongpo pork
太白鸭子 Taibai duck
湖南羊皮 Hunan lamb
南京板鸭 Steamed Nanjing duck cutlets
北京烤鸭 Beijing roast duck
广式龙虾 lobster,Guangdong style
京酱肉丝 shredded pork with Beijing sauce
潮州鱼丸 fish balls,Chaozhou style
合川肉片 stewed pork slices,Hechuan style
岭南酥鸭 crispy duck,Lingnan style
四川鸡丝 Sichuan style shredded chicken
德州扒鸡 Dezhou braised chicken
广东炒牛肉 stir-fried beef shreds,Guangdong style
怪味牛百叶 Ox tripe,Sichuan style
山东烧春鸡 Shandong roast spring chicken
盐卤信丰鸡 salt-baked Xingfeng chicken
狗不理包子 the Goubuli steamed stuffed bun
苏州豆腐汤 Bean curd soup,Suzhou style
鱼香八块鸡 chicken in eight pieces,Sichuan style

(五)省译

在翻译饮食中的菜名文化时,有时还往往会采取省译策略。

比较常见的有以下几种情况。

其一，省略烹饪方式的方法进行翻译。例如：

蚝油炒牛肉 beef slices with oyster sauce

这一菜名在进行翻译时省略了其烹饪方式"炒"。

蟹黄烩鱼翅 shark' s fin soup with crab roe

这一菜名在进行翻译时省略了烹饪方法"烩"。

其二，省略调料、配料的方法进行翻译。例如：

凉拌海蜇 special seaweed

这一菜名在进行翻译时省略了凉拌的调料。

蜜汁烤叉烧 barbecued pork

这一菜名在进行翻译时省略调料蜜汁。

（六）直译+注释

对于一些能够很好地反映中西方情感共鸣的菜谱名称，通常可以采用直译加注解的策略进行翻译。例如：

大丰收 Bumper Harvest-a combination of pork and vegetables with brown sauce

佛跳墙 Buddha Jumped the Wall to Eat-steamed abalone with shark fin and fish maw in broth

龙凤配 dragon matching phoenix (fish and chicken)

第三节 中西禁忌文化差异下的翻译

禁忌语也是世界各个民族所共有的社会现象，它具体是指人们对于某些言行的自我限制，它源于人们对某种神秘力量的畏惧，同时也包含人们在与大自然作斗争的过程中长期积累的经验和长期的社会交往中所形成的社会礼俗。相应地，也就形成了不同的禁忌文化。禁忌语几乎也存在于人们的衣食住行、社会交往甚至外交、政治、文化等活动中，但在不同文化和语言中，禁忌的内容和形式会有所不同。下面就结合中西禁忌语进行对比研究。

一、中西禁忌文化差异

（一）中西“隐私”禁忌差异

隐私具体是指不愿意告知他人的个人私事与生活状况或人们不愿意公开的个人情况。它反映不同个体的心理需求以及社会需求。在中西两种文化中，人们的隐私观念也存在很大的差异。

在中国的文化价值观中，人与人之间讲究团结友爱，互相帮助，崇尚和谐。因而，相对于英语文化中的人们而言，没有那么多的隐私需要避讳。在日常交际中，人们多数乐于沟通并交流涉及个人的情况，如年龄、收入、家庭状况的话题。例如，“你一个月赚多少钱?”“今年多大了?”“结婚了没有?”但在西方人看来，这些都属于个人隐私的范畴，西方人不愿别人过问有关个人的事情。上述有关收入，婚姻状况，财产、年龄、政治倾向，宗教信仰等方面的问题都是和“隐私”相关的禁忌语，并且在跨文化交际过程中应避免提及。

（二）中西“性别歧视”禁忌差异

性别歧视现象普遍存在社会文化中，在此主要针对女性的歧视的禁忌语进行分析。具体来说，性别歧视是指对某些性别具有明显轻蔑、侮辱色彩的禁忌。

不仅汉语中存在“男尊女卑”的思想，英语文化中也特别偏袒男性，英语语言本身也是男子中心语言。例如，在写文章或说话时，对于性别不明进行表达时，通常用 he 而不用 she。又如，在进行会议主持时，不管是男士还是妇女，通常都表述为 chairman。再如，对“人类”进行表述时，用 mankind 而不用 womankind。更有甚者，在英语文化中，人们有时还用一些动物的名称来指称某些女性。例如，cat 用来指恶妇、包藏祸心的女人、卑鄙的女人；

dog 用来指丑妇、贱妇、没有成就的女人、妓女；bat 用来指贱妇、丑妇、妓女；chicken 用来指见面熟的年轻女人；cow 用来指子女多的女人、肥胖而不整洁的女人、经常怀孕的女人、妓女；mutton 用来指放荡的女人、做少妇打扮的老妇人、妓女等。

汉语中对女性歧视的思想也根深蒂固，是几千年封建礼教的积淀，并对如今的日常用语和交际产生影响。这种思想在经济文化相对落后的地方更为常见。例如，“夫唱妇随”“嫁鸡随鸡，嫁狗随狗”用来表明妇女的依附地位。丈夫通常把妻子称为“家里的”，表明妇女仅能干点家务活。“女人之见”“男子汉不同女人一般见识”等都是对妇女的蔑视态度。尽管近几十年妇女的地位有所提高，称谓也有了一些变化，但这种男尊女卑的思想观念在某种程度上依然存在。

（三）中西“死亡和疾病”禁忌差异

生老病死的自然现象是人类无法抗拒的自然规律，面对死亡、疾病等事情，人们往往会感到无助甚至恐慌。相应地，也随之产生了很多与之相关的禁忌语。下面将结合英汉两种文化下人们关于死亡、疾病方面的禁忌语进行对比分析。在英美文化中，人们很少直接用 die 来表述死亡，他们通常会使用以下表达。

He fell asleep.

他躺下长眠了。

She went to her rewards.

她去领奖了。

He passed away.

他离去了。

She breathed her last.

她咽下了最后一口气。

对比之下，汉语文化中关于死的委婉语数量更多。例如，较为常用的有“上西天”“牺牲”“过世”“长眠”“仙世”“献身”“去世”“与世长辞”“驾鹤西游”“去见马克思”“到极乐世界去了”等。这些不同的表述反映了不同场合禁忌语的多样性，也体现了一种民族的人文和伦理观念。尽管这些禁忌语有着不同的来源背景，但其作用是大体相同的，都尽量减少“死”带来的损害性联想，引起情感上的共鸣。

二、中西禁忌文化翻译

（一）保留形象译

由于中西文化下的禁忌语在某些禁忌方面的共性特点，在进行翻译时，可以采用保留原禁忌语形象的译法，其不仅能保持其生动性和原汁原味，还能起到丰富译语语言的作用，从而使译语读者能更好地感受源语语境。特别是对于英汉语中有许多相似甚至相同的禁忌语，在翻译过程中可发现其对等功能。下面以关于“死”的禁忌语为例进行说明。

to depart the world of shadows 命归黄泉

to breath one’s last 咽气

（二）删除形象译

对于在中西语言中很难找到对等词的禁忌语或者保留源语的禁忌形象模糊甚至难以理解的情况，在进行翻译时，可以采用删除源语的禁忌形象进行翻译。这一翻译方法的运用具体又可分为以下两种情况。

其一，对源语禁忌形象删除并用其他形象词来代替。这种翻译方法是用译入语的一个大概念的形象词来表示源语的一个禁忌形象词，或是用整体代替局部。例如：

blossom 年轻人脸上长的“粉刺”

breast 乳房

breast 原意指的是“胸部”，这里就是用大范围的形象词来代替具体部位。

其二，对源语禁忌形象删除直接译出其隐含意义。由于文化背景的差异,采取保留禁忌形象的译法会让一些禁忌语的隐含意义很难被理解。那么,就需要抓住原禁忌语的隐含意义并将其直接译出即可。例如:

The Light of the World 世界之光——上帝

Oh,Gosh!

天啊!

这样的翻译主要是针对英美人认为提及上帝名字就会亵渎他的神圣性,而汉语中没有这种讲究,在汉译时就要删除其禁忌形象而将隐含的意义直译。

(三)保留形象并加注译

大家都知道,禁忌语其实是委婉语的前身,在指称事物方面,委婉语与禁忌语似是而非。委婉语貌似在指称禁忌语所指称的事物,又好像没有对禁忌语所指称的事物具体特指,对这类的禁忌语就可以采用保留原禁忌语的形象并加注翻译。例如:

white meat 鸡胸肉

(注释:在维多利亚时期,社交场合中受过良好教育的上层社会侍女对 breast、legs、thigh 这一类含有淫秽含义的词语应禁忌。white meat 就用来指餐桌上的鸡胸肉)。

(四)模糊译

从实质来看,禁忌语只是为了避免直白精确所带来的不良影响而将其委婉化或模糊化。这一语言属于一种精确性词语。因而采取模糊翻译的方法也是一种不错的选择。此类翻译如表 8-4 所示。

表 8-4 禁忌语的模糊译法例词

英语	汉语
physically handicapped	生理有缺陷的
on the heavy side	身体发福
mighty	壮
chubby	圆脸的

续表

英语	汉语
heavy set	体格魁梧、身体粗壮的
give one his walking papers	解雇
weight-watcher	关心体重的人
to do one's needs 或 to do one's business	上厕所

第四节 中西节日文化差异下的翻译

节日文化是一个国家或民族历史文化长期积淀凝聚的结果，并在我国传统汉语文化中占据非常重要的地位。汉民族就是一个非常重视节日文化的民族。汉语节日文化与中华文明历史如影随形，其独具一格、丰富多彩的特色可以说是了解汉民族文化的一个非常重要的途径。但是，在西方国家也存在着多彩斑斓的节日文化。加强不同文化下节日的对比有利于民族间的沟通和交流。本节先对节日文化差异进行简要分析，然后探讨节日文化的翻译。

一、中西节日文化差异

（一）中西节日起源差异

1. 汉语节日起源的特点

汉语节日文化的起源主要有以下两方面的特点。

其一，汉语文化下的许多节日的起源通常都与时令、节气存在着密切相关性，最早可以追溯到《夏小正》《尚书》。到了战国时期，一年中划分的二十四个节气，已大致成型，这对后来的传统节日也有很大的影响。宋人陈元靓的《岁时广记》说一年中的节日有元旦、立春、人日、上元、正月晦、中和节、二社日、寒食、清明、上巳、佛日、端午、朝节、三伏、立秋、七夕、中元、中秋、重九、小春、下元、冬至、腊日、交年节、岁除等,其中多数节日都为时令性节日。汉语节日以时令性为主的显著特点与我国的农业文明息息相关。

其二,汉族文化下的人们在庆祝节日时比较看重世俗,对宗教稍微有些忽视。在节日期间,中国人抱着求平安、幸福的心理,会对各种各样的神进行参拜和答谢活动,既拜观音菩萨,又供奉玉皇大帝,既有道教的太上老君,又有门神、灶神等,中国人的这种"泛神"思想使节日中浓厚的节日气息荡然无存。例如,农历十二月初八被佛教徒奉为"成道节",纪念释迦牟尼佛证悟成道。该节日原本是为了弘扬佛教教义,但是它在传入中国后,却逐渐世俗化。在中国,每年农历十二月初八,人们将米和果品煮成粥,即我们所说的"腊八粥",预示着新年即将来临。

2. 西方节日起源的特点

西方节日虽然或多或少也跟节气有关,但是体现着浓厚的宗教性特点。因此,西方节日的形成也与宗教有着密切的关系。如表 8-5 所示。

表 8-5　英语文化中不同月份相关的节日

月份	相关节日
一月	主显节
二月	圣瓦伦丁节(情人节)、封斋节
四月	复活节
五月	耶稣升天节、圣灵降临节
八月	圣母升天节
九月	圣母圣诞节
十一月	万圣节、万灵节
十二月	圣诞节

上述这些节日大多都与一些宗教如基督教等节日文化存在

着紧密的关系。或者是基督教的基本节日，或者是由宗教节日活动演变而来。例如，“感恩节”原本是移民北美大陆的清教徒庆祝丰收的节日，后来被华盛顿、林肯等规定为“感谢上帝恩惠”的节日，这样“感恩节”就带有了一定的宗教色彩。

（二）中西节日庆祝方式差异

从节日的庆祝方式来看，中西方也存在着很大的不同。具体如下。

1.中国传统节日注重饮食

汉语节日文化呈现出显著的重视饮食的特征，大多数的节日都与饮食相联系。例如，元宵节的汤圆、中秋节的月饼、腊八节的腊八粥等。可见，这些节日都有一种独具文化意蕴的饮食，这些饮食一般都具有如下特征。

（1）同时令相对应，体现着注重养生的理念。这其实也是顺应了古人的观点，即饮食应与自然时序相对应，这样人才能健康长寿。例如，端午节起源于夏至，这一时期农作物生长最为旺盛，病虫、杂草也最易滋生，为了给人们以提醒，在这一时间段管理好田地，祈求祖先保佑农作物丰收，人们就在这一天以粮食黍米祭祀祖先，后逐渐演变为今天的端午节。

（2）汉语节日文化的饮食名称往往寓意和文化内涵颇丰，它们大多表达了人们的美好愿景以及对自然和万物的认识和感激。例如，冬至时吃馄饨，因为冬至正是阴阳交替之时，馄饨暗含祖先开混沌，创天地之意，人们以冬至吃馄饨来表达对祖先的感激和缅怀之情。诸如此类的还有很多，如中秋吃月饼象征团圆，年糕象征来年高升，汤圆象征合家团圆等。

2.西方传统节日注重分享

西方的传统节日体现出明显的重视分享和交往的理念。例如，圣诞节时人们通过互赠礼物和贺卡的方式增进交往，在交往中获得乐趣；在复活节，人们尽情狂欢，举办各种娱乐活动，人们还举办滚彩蛋比赛，比赛的输赢并不重要，重要的是人们在比赛的过程中获得了乐趣，分享了欢乐。此外，感恩节中的南瓜赛跑、玉米游戏、蔓越橘竞赛等也都注重人们的参与和欢乐的分享。当然，英语文化下的节日也关注饮食，只是相对于汉语文化对饮食的关注逊色一些。并且食物本身和名称也不具有丰富的寓意和文化内涵。例如，美国人圣诞节吃火鸡只是因为当时的北美是火鸡的栖息地，感恩节吃南瓜馅饼也只是因为南瓜是北美常见的植物。

二、中西节日文化翻译

（一）直译

直译就是完全按照字面进行翻译，运用这种翻译方法能很好地保持原文内容与形式。运用直译进行翻译不仅能够确保译文保持原文的特点，而且还能使目的语读者更好地接受原文的文学风格。例如：

建军节 the Army Day

春节 the Spring Festival

中国青年节 Chinese Youth Day

（二）按照农历翻译

在汉语文化中，存在着依据农历命名的很多节日，并且大部分节日都与农历直接相关。因而，在翻译时通常可将农历节日体现在译名文化中。例如：

中秋节　the Mid Autumn Festival

七夕节　the Double Seventh Festival

重阳节　the Double Ninth Festival

（三）按照习俗翻译

根据习俗进行翻译是指以人们庆祝节日的方式和内容为根据进行翻译。在汉语节日文化中，不同的节日有不同的庆祝方式，每一个节日的庆祝方式都各具特色。

例如，在汉语文化下，中秋节这一节日主要是为了纪念嫦娥与后羿的爱情故事。中国人在这一天都要赶回家和家人一起赏月吃月饼，祈盼团团圆圆。因而，可按照这一习俗常将中秋节译为 the Moon Festival。按照习俗翻译中国节日可以使西方人从节日的名字中了解到一些中国的习俗。

再如，汉语文化下的端午节这一节日是为了纪念伟大的爱国诗人屈原。因而，在端午节，人们还有在当天吃粽子的习俗，并举行龙舟比赛等相关事项。按照人们端午节的庆祝方式，通常将端午节翻译为 The Dragon-Boat Festival。

第五节　中西婚俗文化差异下的翻译

婚姻是为社会制度所肯定和认可的，男女两性互为配偶的结合。在举办婚礼的过程中，形成了一定的婚俗文化。婚俗文化不仅反映了一个国家的社会生活面貌，也在某种程度上体现了该民族的文化内涵。然而，中西方在婚俗文化上存在很大的不同，了解这一文化差异有利于在翻译中按照中西方不同的婚姻习俗译出符合目的语读者的译文，这有利于加强中西文化间的交流与沟通。下面就对中西婚俗文化差异及其翻译进行探讨和分析。

一、中西婚俗文化差异

（一）中西择偶标准差异

基于结婚目的的不同，中西文化下的人们在择偶标准方面也呈现出明显的不同。具体体现在以下方面。

对汉语传统文化的择偶标准进行分析不难发现，“门当户对”的思想观念非常明显。具体来说，就是在择偶标准上比较看重双方的经济情况和社会地位这一思想观念。尽管随着时代和社会的发展变化这种思想观念逐渐在变化，但是，当今社会很多青年在择偶观上还是严重受到“门当户对”这一思想观念的影响。同时，双方家庭类似的生活习惯和对现实事物的看法有利于双方的交流和沟通，也是维持婚姻长久的生命力。

与中国的择偶标准相比较来看，西方文化下的择偶标准和汉语存在着明显的差异，英语文化下的择偶标准更为关注双方的契合度，其他的诸如教育程度、家庭背景之类的因素很少在考虑范围之内。

（二）中西结婚目的差异

中西文化下人们在结婚目的方面存在很大的差异。下面就分别对其予以分析。

在传统汉语文化的思想观念下，很多人结婚的目的在很大程度上是受传统家庭观念的影响，有的甚至家庭置于高于爱情的地位。很久以前，孔子就说道：“大昏，万世之嗣也。”现有婚姻家庭中夫妇的组合然后才有子嗣，合法婚姻下所生的长子被称为嫡子。嫡长子继承的宗法社会观念比较盛行，结婚生子、传宗接代事关家族人脉的传承与延续。在新时代社会思潮的影响下，这种传宗接代的观念虽然占主导地位，但是，近些年来，很多新时代的年轻人结婚开始趋向于爱情或人生理想的志同道合，或者为了实现人生价值和奋斗目标，甚至一些人们已经完全摆脱了这种传宗接代的思想观念，出现了一些丁克家庭，当然，这些观念在某种程度上也是与时代的发展相符合的。

在西方英语文化的思想观念下，很多人结婚的目的呈现出明显的以爱情为目的的整体趋向。很多西方文化下的人们认为，结婚应建立在爱情的基础上，是两个个体的结合。绝大多数西方人将追求真爱视为最重要的婚姻目的。因而，这与我们平时所认为的思想观念也存在很大的不一致性。换言之，西方文化下婚姻是个人权利的代表与象征，而汉语文化下人们的婚姻更侧重于对家庭的一种责任和义务。在英语观念里，他们不能接受两个不相爱的人在一起生活，并认为强迫两个人在一起是非常残忍的行为。因此，如果夫妇中的一方爱上了第三者，没有人会遭到谴责。

二、中西婚俗文化翻译

（一）直译

直译主要适合中西婚姻文化中的很多形象与语义一致的文化词。也就是说，汉语的婚姻文化词与英语文化内涵基本一致情况的翻译。例如：

新娘礼服 wedding gown

马车 buggy

婚纱、结婚礼服 wedding dress

圆凳 round stool

鲜花 flower

花生 peanut

枣 chinese date

交杯酒 union of wine cups

新娘 bride

新郎 bridegroom

披肩 shawl

首饰箱 jewel casket

鹅桶 goose shaped pail

果盘 compote

针线盒 sewing basket

妆奁 dowry

圈椅 round-backed armchair

衣箱 suitcase

(二)意译

当中西婚姻文化的语义表达不同时,如果仅仅采用直译进行翻译,译文读起来会很生涩和抽象,当原文中的形象与目的语的形象不一致的时候,译者往往会舍弃形象,采用意译进行翻译。例如:

拜堂 bow to heaven and earth

财礼 wedding expense

花烛 wedding candlesticks

(三)音译

由于中西方婚姻习俗文化的独特性,有些独具民族文化特色和内涵的内容很难直接翻译,此时可以采取音译策略来展现这种独有文化的内涵和特点。例如:

冲喜 tsunghi

聘礼/彩礼 pinli

门包 menpao

上述这三个运用音译进行翻译的例子都是《京华烟云》中孙曼娘与曾亚平的"冲喜"婚姻中的一些婚姻表述的翻译。其中的"冲喜"属于汉语传统婚姻文化的习俗。聘礼/彩礼是男人娶媳妇应付的礼金。门包指古代婚嫁仪式中新郎只有先给新娘家递"门包",才可以进入新娘家大门接走新娘。

第六节　中西丧葬文化差异下的翻译

世界上每个民族大都有其本身的丧葬习俗,殓、殡、葬、拜、诵、泣等一系列的礼仪形式,到如今有些丧葬文化在逐渐简化。但是,丧葬习俗还是一直伴随着人类历史的发展始终。对这些文化差异的了解和认识有利于不同文化下人们的交往。下面就围绕中西丧葬文化的差异及其翻译进行探讨和分析。

一、中西丧葬文化差异

（一）中西丧葬细节差异

汉语和英语在丧葬细节方面也存在很大的不同，这主要体现为中式丧礼的“闹”与西式丧礼的“静”，下面分别对其进行介绍。

1. 中式葬礼的“闹”

在中国，死者临终之后，亲属们为了表达对逝者的留恋通常会大声哭喊，同时也希望通过大声的宣泄能够召唤死者的灵魂并使其复活。出殡是整个葬礼的高潮，是指在第三天或第五天把死者送到坟墓埋葬的整个过程。出殡当天，逝者亲属通常都要放声痛哭，将死者入殓入棺，并在棺材前面摆放着各种贡品。同时在户外搭起灵棚，也会举行一些悼念活动，如耍狮子、唱大戏、演奏锣鼓唢呐等。出殡第二天清晨，有圆坟的习俗。即本家的亲属们共同到坟前烧冥币、烧纸，再在坟头上加些土，使其看似一个馒头状，之后再哭悼一番。可见，整个葬礼仪式讲究仁爱孝心。

2. 西式葬礼的“静”

与中式葬礼的“闹”存在明显的差异，西式的葬礼注重“静”。对于西方葬礼而言，无论是在送葬的路上还是下葬时，亲友们不能大声哭闹，只能默默哭泣流泪，这是为了不打扰死者的灵魂，让灵魂能够安息。

（二）中西丧葬服饰差异

中西方在丧葬服饰方面也存在很大的不同，特别是服饰颜色方面，有着不同的蕴意和内涵。下面对其予以分析。

1. 中式的丧葬服饰

在汉民族文化下的传统葬礼中，大多都要披麻戴孝，并身着以白色为主色调的丧服。人们认为白色属西方，西方被认为是人死后要去的地方，白色与死亡、丧事紧密相连。

2. 西式的丧葬服饰

在西方国家的葬礼中，丧服的主色调为黑色。黑色象征着庄重、肃穆。在西方民族文化中，黑色往往还同黑暗、恐怖、妖魅、地狱等相联系。

尤其值得注意的是，受西方文化的影响，在中国，尤其是城市中的葬礼，很少看见大规模的披麻戴孝，大多是在袖子上带上黑纱，但是通常都会在黑纱上和牌徽上都写着一个白色"孝"字，因为孝是中华民族特有的伦理概念。这很好地体现了中西文化的交流与融合。

二、中西丧葬文化翻译

（一）直译

当中西文化下的丧葬文化词所蕴含的文化内涵完全对应和相近时，通常将其直接进行翻译。例如：

cloth 布

funeral 葬礼

Holy Water 圣水

Latin Cross 十字架

Funerary object 随葬品

Burial objects 明器（冥器）

扫墓 sweeping the grave

守七 seven times seven

贾赦不在家，贾政为长，宝玉、贾环、贾兰是亲孙，年纪又小，都应守灵。

（曹雪芹《红楼梦》）

In the absence of Jia She, Jia Zheng was the head of the house. Baoyu, Jia Huan and Jia Lan, as young descendants, had to keep watch by the coffin.

（杨宪益、戴乃迭 译）

由于“守灵”在汉英语言中有着相同的文化内涵，都有“守护死者灵柩之意”，因此译者在翻译“守灵”时，采用直译的方法将其译为 keep watch by the coffin，容易被目的语读者接受和理解。

（二）音译

在对丧葬文化进行翻译时，对于一些文化内涵比较难以直接翻译或意译的内容，音译策略不失为一种很好的翻译方法。例如：

开吊 kaitiao

这一习俗具体指的是在出殡前选定日期接受亲友吊唁。

（三）意译

对于一些很难直接翻译的丧葬文化相关的内容，通常还可采用意译进行翻译。例如：

寿衣 shroud(the dead cloth)

冥币 false paper money burned as an offering to the dead

话说秦钟既死，宝玉痛哭不已，李贵等好不容易劝解半日方住，归时犹是凄恻哀痛。贾母帮了几十两银子，外又另备奠仪，宝玉去吊纸。七日后，便送殡掩埋了，别无述记。

（曹雪芹《红楼梦》）

Baoyu wept over Qin Zhong's death as if he would never stop; and it was some time before Li Gui and the rest could prevail on him to leave off. Even after his return he could not overcome his grief. The Lady Dowager gave the Qin family several dozen taels of silver in addition to funeral gifts;Baoyu went to offer his condolences and, seven days later, the funeral and burial took place. No need to record it in detail.

（杨宪益、戴乃迭 译）

翻译上述例句中的“凄恻哀痛”“奠仪”“吊纸”“送殡掩埋”时，译者并没有采用直译进行翻译，而是从符合英语表达习惯的角度，采用了意译进行翻译，分别将其译为 could not overcome his grief, funeral gifts, offer his condolences 和 the funeral and burial,这样的译文表达在传递信息的同时容易让英语读者理解并接受，从而便于不同国家与民族间的交流与沟通。

A fair death honors the whole life.

死得其所，流芳百世。

Only alone death can let people comprehend the true meaning of life.

唯有死亡能让人了解生命的真谛。

第九章 中西地域文化差异下的翻译

英汉民族生存于不同的地域中，这种地域差异使中西方位文化、山水文化、动植物文化以及建筑文化也产生了诸多差异。这些差异也对翻译造成了一定影响，阻碍着英汉民族人们的沟通与交流。对此，本章就对中西方位文化差异、中西山水文化差异、中西动植物文化差异以及中西建筑文化差异进行分析，并在此基础上探讨它们的翻译。

第一节 中西方位文化差异下的翻译

方位词不仅仅是单纯地表示具体方位的空间概念，它蕴含着丰富的文化气息，与人们的观念信仰、风俗习惯等有着紧密的联系。因地域文化背景差异，中西方位文化也有着明显的不同，本节就在分析中西方位差异的基础上来探讨其翻译。

一、中西方位文化差异

“东”“西”“南”“北”是英汉语言中都存在的方位词，并蕴含着丰富的文化内涵。以下就对中西方位文化的差异进行简要分析。

（一）“东”与 east

1. 中国文化中的“东”

关于“东”字，许慎在《说文解字》中将其看作会意字：“东，动也，从日在木中”。“东”在汉语文化中有着特殊的含义。具体体现在以下几个方面。

首先,东方被认为是太阳升起的地方,因此在汉语中有很多关于东方和太阳的表述。例如,古代神话传说中有“东君”之说,“东君”就是日神。

其次,太阳于东方升起,能够带给人类温暖与光明,因此在中国传统文化中认为东方主掌着生命,有着阳刚之意,常常和男性联系在一起。而在传统的古诗词中,就常以“东”描写男性。例如:

东方千馀骑,夫婿居上头。

(《乐府诗集·陌上桑》)

东方千骑从骊驹,岂不下山逢故夫。

(《乐府诗集》梁简问帝《采菊篇》)

以上“东方千骑”形容的是夫婿的显赫,因此“东方骑”实际上指的是女子的贵婿。而后来的“东床快婿”其实就是源于此。

最后,在中国传统文化的影响下,“东”字的表达更加丰富,其在方位词中的主要地位被确定,因此“东”字还代表着权势和地位。例如,“东宫”指古时太子的宫殿,“房东”指房屋的所有者,“东道主”指宴请宾客的主人。

2. 西方文化中的 east

在西方文化中,east 的宗教文化韵味更加浓厚,通常与基督教有关。

例如,east 表示教堂圣坛的一端,众教徒在朝圣时需要面向圣坛。可见,east 在西方宗教文化中的重要地位。除此之外,西方复活节的英文名称被称为 Easter,也显现了 east 的宗教意味。

(二)“西”与 west

1. 中国文化中的“西”

在甲骨文中,“西”字属于象形字,类似于鸟巢的形状。在《说文解字》中许慎将“西”字解释为:“鸟在巢上也,象形。日在西方而鸟西(栖),故因以为东西之西。……或西从木妻。”也就是说,“西”原本是栖的初文,因日落西山而鸟栖于巢,所以栖息的“西”就引申出了西方的含义。

太阳沉落于西方,因此西方也是寒冷和黑暗产生的地方,由此人们常将西方与死亡、不详和恐怖联想到一起。例如,“一命归西”“乘鹤西去”“剪烛西窗”“西风残照”等都表达了这一文化含义。

日落于西方则阴暗生,因此西常与阴相连。在阴阳二分的哲学范畴中,女性属于阴,所以西与女性也有着紧密联系。这一点在我国古代描述女性的诗词中就有所体现。例如:

楼阁玲珑五云起,其中绰约多仙子。中有一人字太真,雪肤花貌参差是。金阙西厢叩玉扃,转叫小玉报双成。

(白居易《长恨歌》)

云中谁寄锦书来?雁字回时,月满西楼。

(李清照《一剪梅》)

以上的“西厢”“西楼”指的是女子的住处。

此外,汉语文化中的“西”与“东”的主位相对,代表着“宾位”,在表达中也十分常见。例如,“西宾”“西客”等。

2. 西方文化中的 west

在英语文化中,west 的宗教韵味也十分浓重,通常用来指面向圣坛的另一端。

但需要指出的是,相比于 east,west 的消极含义更多。例如:

western wall 西墙(指哭墙,为耶路撒冷旧城内的一古墙遗址,是犹太教徒朝拜、祈祷之地)

go west 死亡,去世

(三)“南”与 south

1. 中国文化中的“南”

在四方中,最先产生东西概念,南北防线的辨别则稍晚。关于“南”的渊源，主要有两种说法：一是“南”原为乐器，后指乐曲名；二是“南”得名于“妊”，取妊养万物之义。班固《白虎通义》：“南方者，任养之方，万物怀任也。”[①]

南面因阳光充裕，光照时间长，妊养万物，草木生长旺盛，所以人们将山的南面称为“阳”。这种自然现象在唐诗中也有描述。

鹧鸪

唐・李娇

可怜鹧鸪飞，飞向树南枝。

南至日照暖，北枝霜露滋。

人的富贵与草木的生长繁茂十分相似，所以“南”就有了富贵的象征意义。这一点可以从以下诗词中体会到。

南巷有贵人，……北里有寒士，……东邻有富翁，……西舍有贫者……

（白居易《效陶潜体诗》）

此外，在古代，有把男子从情欲的目的所嗜好的男子姿色称“南风”，“南风”又称“男风”或“南宠”。例如：

这个被打之死鬼，乃是本地一个小乡绅之子，名唤冯渊，自幼父母早亡，又无兄弟，只他一个人守着些薄产过日子。长到十八九岁上，酷爱男风，最厌女子。

（曹雪芹《红楼梦》第四回）

2. 西方文化中的 south

英语中的 south 主要指的是方位，并没有太深的文化内涵。例如，a south wind（南风）。此外，south 还指南方不发达的国家，如 The South（南方不发达国家）。在美国俚语中，go south with something 指“偷走某物，私占某物”，具有贬义色彩。

---

① 卢红梅. 华夏文化与汉英翻译[M]. 武汉：武汉大学出版社，2006：319.

（四）“北”与 north

1. 中国文化中的“北”

“北”在甲骨文中也属会意字，形似两人背靠背，是背的初文。古人认为阳面为正面，是南面，阴面是背面，就是北面，所以背面的“北”引申出南北的“北面”。[①]

北面为阴面，而女子为阴，所以人们常将北方与女子联系在一起。古代的建筑常将东方分为南北两半，北面的房子朝北开门，直通后庭，为“北堂”，是妇女生活起居的场所。又因为母亲常住北堂，所以人们常用“北堂”指代母亲。例如：

宝玉上来，斟了酒，便立成了四句诗，写出来念与贾母听道：“海棠何事忽催陨，今日繁花为底开？应是北堂增寿考，一阳旋复占先梅。”

（曹雪芹《红楼梦》第九十四回）

由于“北”字像是两人背对背的形状，而在古代作战时，冲锋者面向敌方，败逃者背向敌方。[②] 根据这个描述，汉语中的“北”引申出了失败之意，如“败北”“追北”“逐北”等。

2. 西方文化中的 north

英语中的 north 并没有汉语中的“北”如此丰富的内涵，它仅指方位，如 North China（华北）。

二、中西方位文化翻译

从上述内容可以看出，汉语方位词相较于英语方位词有着更加丰富的文化内涵，因此这里就重点对汉语方位文化的翻译进行说明。就汉语方位文化的翻译而言，具体可采用以下几种方法。

---

① 卢红梅. 华夏文化与汉英翻译[M]. 武汉：武汉大学出版社，2006：319.

② 同上.

(一)直译

在英汉民族中,有些方位词的含义是相通的,针对这种情况,我们就可以采用直译法进行翻译,这样既保留了原文的形式,也利于读者理解。例如:

老嬷嬷们让黛玉炕上坐,炕沿上却有两个锦褥对设,黛玉度其位次,便不上炕,只向东边椅子上坐了。

(曹雪芹《红楼梦》第三回)

The nurses urged Daiyu to sit on the Kang, on the edge of which were two brocade cushions. But feeling that this would be presumptuous, she sat instead on one of the chairs on the east side.

(杨宪益、戴乃迭 译)

在上面的例文中,"东边"并不具有特殊的文化内涵,代表方位。在翻译过程中,译者采用直译的方法,翻译为 on the east side,忠实传达出了原文含义,不损害译入语读者对原文的理解。

宝玉着了急,向前拦住说道,"好妹妹,千万饶我这一遭,原是我说错了。若有心欺负你,明日我掉在池子里,教个癞头鼋吞了去,变个王八,等你明日做了'一品夫人'病老归西的时候,我往你坟上替你驮一辈子的碑去。"

(曹雪芹《红楼梦》第二十三回)

"Forgive me once, dear cousin! I shouldn't have said that. But if I meant to insult you, I'll fall into the pond tomorrow and let the scabby-headed tortoise swallow me, so that I change into a big turtle myself. Then when you become a lady of the first rank and go at last to your paradise in the west, I shall bear the stone tablet at your grave on my back forever!"

(杨宪益、戴乃迭 译)

"归西"的汉语文化含义指的是死亡,对于中国人而言,这一文化含义并不难理解,但对于西方人而言却是陌生的。在翻译时译者为了保留这一文化含义进行了直译，但同时也添加了解释，以便于读者理解。再如：

这里贾母与众人上了楼，在正面楼上归坐。凤姐等占了东楼。众丫头等在西楼，轮流伺候。

（曹雪芹《红楼梦》第二十九回）

While the Lady Dowager and her party went upstairs te sit in the main balcony, Xifeng and her companions occupying that to the east. The maids, in the west balcony, took turns waiting on their mistresses.

（杨宪益、戴乃迭 译）

十九日乃黄道之期，兄可即买舟西上，待雄飞高举，明冬再晤，岂非大快之事耶！

（曹雪芹《红楼梦》第一回）

"The nineteenth is a good day for traveling," he continued. "You can hire a boat then and start your journey westward. How good it will be to meet again next winter after you have soared up to dizzy heights."

（杨宪益、戴乃迭 译）

（二）意译

有些方位词所承载的文化含义是我国民族所特有的文化现象，此时如果采用直译法进行翻译不仅无法准确表达其含义，也会影响读者的理解，这时不妨舍弃原文形象而采用意译法阐述方位词的内在文化含义。例如：

子兴叹道："老姊妹四个，这一个是极小的，又没了。长一辈的姊妹，一个也没了。只看这小一辈的，将来之东床如何了。"

（曹雪芹《红楼梦》第二回）

"She was the youngest of four sisters, but now she's gone too." Zixing sighed. "Not one of those sisters is left. It will be interesting to see what husbands they find for the younger generation."

(杨宪益、戴乃迭 译)

在汉语文化中,"东床"指的是女婿,如果对其进行直译必然会令读者难以理解,对此译者舍弃其文化形象,将其意译为 husbands,其含义便清晰可见。

上一辈的,却也是从弟兄而来的。现有对证:目今你贵东家林公之夫人,即荣府中赦、政二公之胞妹,在家时名唤贾敏。

(曹雪芹《红楼梦》第二回)

But all the girls of the last generation had names like those of boys. For proof, look at the wife of your respected employer Mr. Lin, the sister of Jia She and Jia Zheng in the Rong Mansion. Her name, before she married, was Jia Min.

(杨宪益、戴乃迭 译)

在汉语文化中,"贵东家"是对雇佣自己的人的尊称,如果直接进行翻译,恐怕读者很难明白其含义,对此译者采用了意译法,将其译为 your respected employer,这样读者对其含义就一目了然了。

两弯似蹙非蹙笼烟眉,一双似喜非喜含情目。态生两靥之愁,娇袭一身之病。泪光点点,娇喘微微。闲静时如姣花照水,行动处似弱柳扶风。心较比干多一窍,病如西子胜三分。

(曹雪芹《红楼梦》第三回)

Her dusky arched eyebrows were knitted and yet not frowning, her speaking eyes held both merriment and sorrow; her very frailty had charm. Here eyes sparkled with tears, her breath was soft and faint. In repose she was like a lovely flower mirrored in the water; in motion, a pliant willow swaying in the wind. She looked more sensitive than Bi Gan, more delicate than Xi Shi.

(杨宪益、戴乃迭 译)

在汉语文化中,"西子"指的是春秋末期越国美女西施,其有

“沉鱼落雁”之容。译者抛开原文形式，采用意译法将其翻译为众所周知的中国四大美女之一 Xi Shi，有利于读者理解原文含义。

（三）释义

对于一些语言中特有的方位表达时，还可以采用释义法进行翻译。例如，“北漂”这个词是根据中国特有的社会现象出现的新造词。在对这个词汇进行翻译时，无法在英语中找到十分贴切的表达形式，因此可以采用释义法，将其含义直接解释出来，译为 persons from other places coming to Beijing to seek better opportunity for success。

第二节 中西山水文化差异下的翻译

山和水本是客观世界的产物，当人们对其赋予一定的感情，就形成了不同民族独特的山水文化。严格来讲，山水文化就是由山水而引发的文化沉积，也可以说是以山水为表现对象的文化。本节就简要分析中西山水文化之间的差异，然后探讨其翻译。

一、中西山水文化差异

（一）中国山水文化

中国历史博大精深，在长期的历史变化过程中孕育了内涵丰富的山水文化。很多文人墨客为了抒发自己的感情，总是寄情山水，创作出了无数动人的诗篇。

1. 中国“山”文化

在中国文化中，“山”被赋予了特殊的内涵，主要体现在以下两个方面。

首先，“山”一般和“水”并用，展示出磅礴、雄浑的气势。

例如：

凉州词

唐·王之涣

黄河远上白云间，一片孤城万仞山。

羌笛何须怨杨柳，春风不度玉门关。

此外，"山"还用来比喻坚贞不渝的爱情。例如：

上邪

上邪！

我欲与君相知，

长命无绝衰！

山无陵，

江水为竭，

冬雷阵阵，

夏雨雪，

天地合，

乃敢与君绝。

菩萨蛮

枕前发尽千般愿，要休且待青山烂。

水面上秤锤浮，直待黄河彻底枯。

2. 中国水文化

在中国文化中，"水"也有着丰富的文化内涵，集中体现在以下几个方面。

首先，"水"象征流逝的时光。例如：

登高

唐·杜甫

风急天高猿啸哀，渚清沙白鸟飞回。

无边落木萧萧下，不尽长江滚滚来。

万里悲秋常作客，百年多病独登台。

艰难苦恨繁霜鬓，潦倒新停浊酒杯。

其次，“水”象征爱情。例如：

正胡思之间，忽听山后有人做歌曰：“春梦随云散，飞花逐水流；寄言众儿女，何必觅闲愁。”

（曹雪芹《红楼梦》）

再次，“水”象征诚挚的友情。例如：

赠汪伦
唐·李白
李白乘舟将欲行，
忽闻岸上踏歌声。
桃花潭水深千尺，
不及汪伦送我情。

最后，“水”常用来烘托悲哀、惆怅的心情。例如：

虞美人
后唐·李煜
春花秋月何时了，往事知多少？
小楼昨夜又东风，故国不堪回首月明中。
雕栏玉砌应犹在，只是朱颜改。
问君能有几多愁？恰似一江春水向东流。

（二）西方山水文化

相较于中国的山水文化，西方的山水文化并没有那么丰富。在西方人看来，山水更多的只是自然界中客观存在的事物，并无太多文化或感情色彩。只有在一些文学作品中可以看到诗人、作家借山水来抒发情感。

需要说明的是，因英国周围环海，山脉较少，因此英语中关于“山”的表达远不如“海”的表达丰富。例如：

at sea 茫然

half seas over 酒醉

dead sea fruit 不可靠的成就

between the devil and the deep sea 进退维谷

二、中西山水文化翻译

中国的山水虽然有着丰富的文化内涵，但都与其本身的物理特征紧密相关，这些物理特征也被西方人所共识，因此在翻译时采用直译法，通过上下文语境，西方读者也能理解山水的文化内涵。例如：

枕前发尽千般愿，
要休且待青山烂。
水面上秤锤浮，
直待黄河彻底枯。

（唐无名氏《菩萨蛮》）

On the pillow we make a thousand vows, and say
Our love will last unless green mountains rot away,
On the water can float a lump of lead,
The Yellow River dries up to the very bed.

（许渊冲 译）

上述诗句中既出现了“山”，也出现了“水”。译者在翻译过程中选用直译法保留原文中的表达形式，将“青山”翻译为 green mounted，将“黄河”翻译为 The Yellow River，既前后照应，同时也忠实原作，有利于读者对汉语文化的了解。

望庐山瀑布
唐・李白
日照香炉生紫烟，遥望瀑布挂前川。
飞流直下三千尺，疑是银河落九天。

CATARACT ON MOUNT LU
Li Bai
The sunlit Censer perk exhales a wreath of cloud;
Like an upended stream the cataract sounds loud.
Its torrent dashes down three thousand feet from high;

As if the Silver River fell from azure sky.

（许渊冲 译）

上述诗句描绘了庐山瀑布的秀美、壮观。在翻译诗名中的“庐山”一词时，许渊冲先生将专名部分音译为 Lu，将通名部分直译为 Mount，让英语读者一目了然地看出这首诗的主要描写对象就是庐山（Mount Lu）。再如：

肥水东流无尽期，当初不合种相思。

（姜夔《鹧鸪天·元夕有所梦》）

The endless River Fei to the east keeps on flowing;
The love seed we once sowed in dream forever keeps on growing.

（许渊冲《宋词三百首》）

第三节　中西动植物文化差异下的翻译

动物与植物这种客观存在的事物被人们赋予了丰富的文化内涵，而且因地域文化的差异，相同的动植物在不同的民族中有着不同的文化内涵。本节就对中西动植物文化差异进行分析，继而探讨它们的翻译。

一、中西动物文化差异下的翻译

中西文化中有很多相同的动物，所蕴含的文化意义却有所不同，下面就对英汉动物文化的差异进行分析，并进一步探究它们的翻译。

（一）中西动物文化差异

有着丰富文化内涵的动物有很多，这里选取几个具有代表性的动物进行分析。

1. 龙与 dragon

(1)中国文化中的"龙"

在中国,龙有着十分悠久的历史,而且其文化内涵随着历史时期的不同而有所变化。"龙"是汉民族的文化图腾,是中华民族的标志,是民族精神的象征,享有极高的地位。经过千年的演变和发展,同时伴随着新的内容的注入,逐渐形成了我国今天的龙文化。具体来讲,"龙"有着以下文化内涵。

首先,"龙"反映着古人对自然的敬畏。在我国的古代传说中,龙是一种神异动物,能兴云降雨,当人们在自然面前无能为力时,便对龙产生了自然崇拜。这也反映了远古人类对大自然最原始的崇拜和敬畏。

其次,"龙"象征着皇帝和至高无上的皇权。因"龙"的强大力量和在人们心中的重要地位,所以古代封建帝王为了维护和巩固自己的统治地位,便借助龙来树立自己的权威,龙便成了皇帝和皇权的象征。汉朝以后,龙就成了帝王的象征,受到人们的崇拜,并获得了显赫的地位。因此,很多与帝王有关的事物都被冠以"龙"字,如"龙体""龙颜""龙椅"等。

最后,"龙"还象征着力量、才华、吉祥。这一文化意义是从上述内容上延伸出来的,反映了人们的美好愿望。例如,中国人常将自己喻为"龙的传人""龙子龙孙"。

(2)西方文化中的 dragon

西方文化中的 dragon 不同于汉语文化中的"龙"。西方文化中的 dragon 是一只长着翅膀、身上有鳞、拖着长尾、口中喷火的大蜥蜴。dragon 这一形象常在《圣经》中出现,而且多是邪恶的形象。例如,《圣经》中的撒旦被称为 the great dragon。在现代英语中,dragon 也常用来代指凶悍之人。例如:

She's a bit of a dragon around this place.

她是这里很跋扈的人。

2. 狗与 dog

(1)中国文化中的“狗”

在中国古代，普通百姓终日要为了生存而奔波劳累，很难有精神层面的追求，因此人们养狗的主要目的也是为了防盗，而非单纯的喜爱。因此，人们一般把狗看作卑贱、令人厌恶的动物，与狗相联系的词语总是用于贬义。例如，“走狗”“狗腿子”“狗汉奸”“狗仗人势”“狗嘴里吐不出象牙来”等。

现在人们的生活水平逐步提高，开始追求精神需求，再加上受西方文化的影响，越来越多的人开始把狗当作宠物来养，狗已然成了现代中国人生活中的重要部分。

(2)西方文化中的 dog

dog 在西方国家备受人们的喜爱，一直都是作为人们的宠物和朋友而存在的。狗在西方人日常生活中扮演着重要的角色，狗既可以用来打猎看门，也可以作为人的宠物和伴侣，所以英语中有很多关于狗的褒义的词语。例如：

a lucky dog 幸运的人

a sea dog 有经验的水手

an old dog 经验丰富的人

love me,love my dog 爱屋及乌

在英语中，dog 是人忠实的朋友，因此其象征着忠实勇敢的品质，例如：

My old servant never left me,he was as faithful as a dog.

我的老仆人从不离开我，就像狗一样的忠诚。

需要指出的是，英语中也有一些能够表达贬义的词语，例如：

a sad dog 放荡的人，易闯祸的人

a dead dog 没用的东西，废物

a dirty dog 坏蛋

另外，英语中的 dog 还有中性的一面。例如：

dog eat dog 残酷竞争

I would work like a dog to make good.

为了达到目的，我要拼命干。

（二）中西动物文化翻译

在了解中西动物文化差异的基础上，可采用以下几种方法来处理动物文化的翻译问题。

1. 直译

当英汉语言中有一些动物形象相似或相同时，在翻译时就可以采用直译法，以有效保留动物形象。例如：

as faithful as a dog 像狗一样忠诚

barking dogs do not bite 吠犬不咬人

A rat crossing the street is chased by all.

过街老鼠，人人喊打。

以上都采用了直译法进行翻译，这样不仅利于读者理解原文含义，也能让读者直观地感受到动物的形象。

我不过看着太太的面上，你又有年纪，叫你一声妈妈，你就狗仗人势，天天作耗，专管生事。

（曹雪芹《红楼梦》第七十四回）

It's only for her Ladyship's sake and because you arc old that I call you "nurse", but like a dog counting on its master's backing you're always making trouble.

（杨宪益、戴乃迭 译）

原文中"狗仗人势"被直译为 like a dog counting on its master's backing，在准确传达原文含义的同时，也有效地保留了原文的形象。

2. 意译

当无法在译入语中找到对应的动物词语时，就只能舍弃原文形象或改变原文形象进行解释性翻译，即意译。采用意译法进行翻译虽然有损原文形象，但便于读者理解原文内涵。例如：

top dog 最重要的人物

Dog does not eat dog.

同类不相残。

He is as poor as a church mouse.

他一贫如洗。

上述原文中的动物形象并没有被保留下来，但是其所表达的含义却准确地传达了出来。采用意译策略译出的译文符合译入语的表达习惯，同时也利于读者理解。

郭彩娣见徐义德装出一副笑面虎的神情，越发使她生气。

（周而复《上海的早晨》）

It made Kou Tsai-ti more furious than ever to see Hsu Yi-teh putting on this wolf-in-sheeps-clothing manner.

（A. C. Barnes 译）

译者并没有将原文的“笑面虎”译成与之相应的形象，而是将原文中的“虎”改为了 wolf（狐狸），虽然对原文形象进行了改变，但是却达到了相同的表达效果，而且利于译文读者理解和接受。

3. 套译

当源语中的动物词汇与译入语中对应词汇的文化内涵不同时，可用译入语中具有相同文化内涵的其他动物词汇来翻译，也就是改换形象进行套译。例如：

Better be the head of a dog than the tail of a lion.

宁做鸡头，不做凤尾。

It had been raining all day and I came home like a drowned rat.

终日下雨，我到家时浑身湿得像一只落汤鸡。

可以看出，译者对原文中的动物形象进行了调整，套用了汉语中与原文表达含义相同的动物形象。这样不仅保留了原文的形象性，而且也符合汉语的表达习惯。

中国有句古话:“不入虎穴,焉得虎子”,这句话对于人们的实践是真理,对于认识论也是真理。

There is an old Chinese saying, “How can you catch tiger cubs without entering the tiger's lair?” This saying holds true for man's practice and it also holds true for theory knowledge.

在翻译“不入虎穴,焉得虎子”这一古语时,作者采用了套译法,将其翻译为英语中与之相对应的固定表达,即“How can you catch tiger cubs without entering the tiger's lair?”这样不仅能避免直译的生硬、意译的形象损失,还有利于读者深度地了解汉语文化。

二、中西植物文化差异下的翻译

英汉民族中有很多相同的植物,但因文化背景不同,这些植物所蕴含的文化意义也有着显著的差异。以下就在分析中西植物文化差异的基础上探讨其翻译。

(一)中西植物文化差异

英汉民族中有诸多相同的植物,但因历史背景差异,这些相同的植物却有着不同的联想意义。以下就选取几种植物来分析英汉植物词汇的文化差异。

1. 玫瑰与 rose

(1)中国文化中的“玫瑰”

对于汉民族而言,玫瑰属于外来物种,因此汉语中对玫瑰的描述并不多见,用玫瑰来象征爱情则完全是舶来品。例如,《红楼梦》的作者曹雪芹在描写探春的美丽形象与性格时就使用了玫瑰;漂亮而不易接近的女性在汉语中被比喻为“带刺的玫瑰”。

(2)西方文化中的 rose

在西方,rose 有着丰富的文化,集中体现在以下几个方面。

rose 象征爱情。英语中借玫瑰来抒发爱情的作品不胜枚举,最脍炙人口的是苏格兰农民诗人彭斯(Robert Burns)的那首《我的爱人像朵红红的玫瑰》(*A Red*, *Red Rose*),其中最经典的诗句是"O, my luve's like a red, red rose/That's newly sprung in June"(呵,我的爱人像朵红红的玫瑰,六月里迎风初开)。

rose象征美丽。英语中常将玫瑰与百合放在一起,即用lilies and roses来形容女性的"花容月貌"。

rose象征健康。玫瑰的粉红色非常悦目,于是玫瑰色就成为健康的颜色。英语中很多短语都表达了这一内涵。例如:

take rose views 抱乐观的看法

treat with rose 用温和的办法对待

come up roses 事情进展得顺利、成功

2. 莲与lotus

(1)中国文化中的"莲"

在汉语中,莲又称为"荷花"或"芙蓉",具有以下几种文化内涵。

莲花象征自然、高雅。人们常用"清水出芙蓉,天然去雕饰"来形容莲花的脱俗、清新、可爱。

莲花象征正直。莲在中国被看作"花之君子","出淤泥而不染,濯清涟而不妖",具有廉洁正直的品质。正因为如此,古人常有咏颂荷花、以荷花自比的名篇佳作。例如:

莲

唐·温庭筠

绿塘摇滟接星津,轧轧兰桡入白萍。
应为洛神波上袜,至今莲蕊有香尘。

莲花象征爱情。汉语中常用"并蒂莲""花开并蒂"来形容夫妻恩爱。

(2)西方文化中的lotus

lotus在希腊神话中是一种忘忧树,传说吃了这种树上的果实就可以忘记一切,并摆脱尘世的苦难。因此,英语中含有lotus

的表达大都与懒散有关。例如：

lotus land 安乐之乡

a lotus life 懒散、悠闲和无忧无虑的生活

lotus eater 过着懒散舒服生活的人

（二）中西植物文化翻译

由于英汉植物词汇的文化差异性，在具体的翻译过程中既需要考虑翻译的准确性，同时还要兼顾植物文化内涵。总体来讲，英汉植物词汇文化的翻译可采用以下几种方法。

1. 直译

当源语中的植物词在译入语中可以找到相同或相似的对应植物的形象时，就可以采取直译法进行翻译，以有效保留原文的形象。例如：

Oak may bend but will not break.

橡树会弯不会断。

An apple a day keeps the doctor away.

一日一苹果，医生远离我。

上述的植物词汇都通过直译法译为了汉语中与之相对应的植物词汇，不仅传达了原文植物所表达的含义，也保留了原文植物的形象。

莺儿忙道："那是我们编的，你老别指桑骂槐。"

（曹雪芹《红楼梦》第五十九回）

"We made that," cut in Yinger. Don't scold the locust while pointing at the mulberry.

（杨宪益、戴乃迭 译）

上述"指桑骂槐"直译为 scold the locust while pointing at the mulberry，直译后并不影响读者理解，而且还能有效保留原文形象。

2. 意译

通过上述内容可以了解，英汉很多植物都有着浓厚的民族色彩，如果采用直译法进行翻译，则不利于译入语读者的理解。因此，为了准确传达原文的含义，并使译文言简意赅，就可以舍弃原文形象，采用意译策略进行翻译。例如：

He is practically off his onion about her.

他对她简直是神魂颠倒。

If you lie upon roses when young, you lie upon thorns when you old.

少壮不努力，老大徒伤悲。

如果采用直译策略对原文中的植物词汇进行翻译，不仅会使译文拖沓别扭，也会给译入语读者带来理解障碍。而采用意译策略直接表达原文内在含义，则有利于读者理解原文含义。

“袭人本来从小儿不言不语，我只说他是没嘴的葫芦。”

（曹雪芹《红楼梦》第七十八回）

“Xiren's always been so quiet I felt she was rather stupid.”

（杨宪益、戴乃迭 译）

“没嘴的葫芦”指的是一个人不善言辞，笨嘴拙舌。译者采用意译法将其译为 rather stupid，直接点明了人物的性格，虽然有损原文形象，但却传达了原文内在含义。

3. 套译

在对植物词语进行翻译时，还可以根据实际情况转化为译入语读者所熟悉的形象进行翻译，也就是进行套译。例如：

Oaks may fall when reeds stand the storm.

疾风知劲草。

New buildings spring up like mushrooms.

新建筑如雨后春笋一般涌现出来。

虽然译文并没有保留原文植物形象，但译文却根据原文的含义套用了译入语中与之表达含义相似的形象，不仅表达效果极佳，而且有利于读者理解。

“务将张华治死，方剪草除根，保住自己的名誉。”

（曹雪芹《红楼梦》第六十九回）

Only by such root-and-branch methods, she felt, could her fears be allayed and the threat to her reputation be removed.

（霍克斯 译）

对于“剪草除根”这一成语译者套用了英语中的俗语 root-and-branch，这样的翻译不仅简洁精练，而且与原文寓意相符合。

第四节　中西建筑文化差异下的翻译

衣、食、住、用、行是人类生存的基本需求，是人类生活的重要组成部分。在长期的历史发展过程中，建筑文化随之产生，并对文化与社会的发展起到了一定的反向促进作用。本节就对中西建筑文化差异进行简要分析，继而探讨其翻译。

一、中西建筑文化差异

建筑是人类建造的栖息之地，因地理环境以及风俗习惯的差异，中西方形成了不同的建筑文化，体现了不同的价值观和审美观。

（一）中西建筑价值观差异

1. 中国建筑价值观念

自古以来中国就追求“天人合一”的境界，这一点也体现在中国的建筑文化中，使中国建筑带有自身的特色。

中国在建筑上多选用土木材料，体现出了对大地和植物的热爱，表达了希望人和自然和谐相处的建筑理念。在建筑命名上，喜欢将高大的建筑群称为“殿”或“堂”，体现出了建筑的气势恢宏。从这些方面上体现出了中国建筑质朴、充满生机、顺应自然的灵秀之美。

天人合一的哲学思想还体现在中国建筑中对阴阳数理理论的引用上。阴阳数理理论既包含阴阳调和论，又体现出了数理思想。数与象有着直接而根本的联系，可以说数是一切事物外在的象。以北京天坛和地坛为例。天坛是圆形建筑，它的圆丘层数、台面直径、拦板数都为单数，即为阳；而地坛是个方形建筑，台阶数为八，是偶数，即为阴。天坛整个建筑堪称中国最圆满的建筑作品之一，体现出了古人对天人合一思想的追求与实践。

2.西方建筑价值观念

相较于中国建筑价值观念，西方建筑价值观念也有着自身强烈的特色。

在材料的选取方面，西方建筑多使用石头，体现出了西方人对理性生活的追求，同时体现了人定胜天的思想。西方人看重人的力量，追崇理性思维，因此其建筑多给人冷静、稳重之感。此外，由于英语国家在古时多在地中海区域，石材丰富，这也是其建筑材料使用的自然条件。在石头等材料的作用下，西方建筑充满了力量感，有一种阳刚之美。

西方人多尊崇基督教，这一点在建筑上也体现得十分明显。由于基督教在西方所占比例巨大，因此在建筑上西方人会使用一流的建筑材料和建筑技术来修建神庙与教堂，从而显示其对上帝的虔诚。例如，中世纪的哥特风格的基督教堂，直冲云霄的尖顶，标新立异的装饰，就充分表达了西方人对天堂的向往、对自由的追求以及对上帝的崇拜。另外，发达而丰富的西方哲学也给西方建筑带来了深刻的影响。特别是西方哲学当中的以人为本、和平民主、博爱平等、自由浪漫的思想，对古希腊、古罗马建筑文化的影响尤其明显。

(二)中西建筑审美观差异

1. 中国建筑审美观念

在建筑审美观念上,中国人注重追求对称美,通过中轴线的设计来营造一种对称的感受。很多中国古代宫殿,都给人一种气势恢宏的之感,这在很大程度上得益于有着对称作用的中轴线。同时,从纵向上看,中国很多建筑在中轴线旁边建造一些次要的对称图形,来表现出主次之分。这一点体现的是中国政治文化中的君臣文化、尊卑长幼的观点,表现出了中国人中庸、保守、内敛、和谐的本质特征。

2. 西方建筑审美观念

西方人擅长理性思维,对事物的实用性较为看重。体现在建筑上就是注重打造灵活多样的实体,注重物的形式之美以及外在景象给人带来的愉悦之感。西方古典建筑所呈现的几何图形,形成了非常壮观、磅礴、大气的景致。虽然西方建筑也经历了漫长的历史变革,并且各个历史阶段都有其各自的建筑文化特色,这就使稍具常识的人便能将哥特式建筑与巴洛克式建筑区分开来。

二、中西建筑文化翻译

我国文学名著中有很多关于建筑的描写,这里以其为例,对建筑描写的翻译进行研究。对建筑文化的翻译方法主要有释义法和意译法。

(一)释义

由于中西建筑文化的差异,因此在进行英汉建筑文化翻译时,译者需要把握两种文化的传统,此时使用直译等手段难以体现出建筑文化的特点。释义法是通过解释说明的形式,使译入语读者了解原文的建筑文化内涵,在一定程度上还能促进中西文化的沟通与融合。释义法主要用于以下几种情况。

(1)景物描写的翻译。例如：

请韦四太爷从厅后一个小巷内曲曲折折走进去，才到一个花园。那花园一进朝东的三间。左边的一个楼便是殿元公的赐书楼。楼前一个大院落，一座牡丹台，一座芍药台，两树极大的桂花正开得好。

(吴敬梓《儒林外史》第三十一回)

Presently he led Mr. Wei by a passage from the back along a winding path to the garden. As you went in you saw three rooms with an eastern exposure. A two-storeyed building on the left was the library built by the Number One Scholar, overlooking a large courtyard with one bed of moutan peonies and another of tree peonies. There were two huge cassia trees as well, in full bloom.

(杨宪益、戴乃迭 译)

原文中“殿元公的赐书楼”和“大院落”是中国特有的典型建筑，英语中很难找到与之相对应的建筑来表达，对此为了便于读者理解，译者采用释义法，将他们分别翻译为 the library built by the Number One Scholar，a large courtyard。

说毕，往前一望，见白石崚嶒，或如鬼怪，或如猛兽，纵横拱立，上面苔藓成斑，藤萝掩映，其中微露羊肠小径。

(曹雪芹《红楼梦》第十七回)

On the miniature mountain they saw rugged white rocks resembling monsters and beasts, some recumbent, some rampant, dappled with moss or hung about with creepers, a narrow zigzag path just discernible between them.

(杨宪益、戴乃迭 译)

原文中有着汉语中特有的表达以及建筑，如果直译一是不能顺利实现，二是无法准确传达原文含义，因此译者舍弃原文形式，而对原文进行释义翻译，便于读者理解原文。再如：

贾母少歇一回，自然领着刘姥姥都见识见识。先到了潇湘馆。一进门，只见两边翠竹夹路，土地下苍苔布满，中间羊肠一条石子漫的路。

（曹雪芹《红楼梦》第四十回）

After a short rest the Lady Dowager started showing Granny Liu round, going first to Bamboo Lodge. Inside its gate, a narrow pebbled path flanked with bamboos met their gaze. The ground on either side of it was carpeted with dark moss.

（杨宪益、戴乃迭 译）

(2)室内陈设描写的翻译。例如：

老嬷嬷听了，于是又引黛玉出来，到了东廊三间小正房内。正房炕上横设一张炕桌，桌上磊着书籍茶具，靠东壁面西设着半旧的青缎靠背引枕。

（曹雪芹《红楼梦》第三回）

At once the nurses conducted Daiyu along the eastern corridor to a small three-roomed suite facing south. On the kang under the window was a low table laden with books and a tea-service. Against the east wall were a none too new blue satin backrest and a bolster.

（杨宪益、戴乃迭 译）

"炕桌""书籍茶具""引枕"都是古代中国室内的陈设，不同的生活环境使英语国家很少有这些东西，因此很难采用直译法进行翻译。为了便于读者理解，译者采用了释义法进行翻译，这样既不损害原文意思的表达，又能使译文简洁明了，便于理解，方便读者通过译文了解中国建筑的不同特点。

刘姥姥会意，于是带了板儿下炕，至堂屋中，周瑞家的又和她唧咕了一会，方过这边屋里来。只见门外錾铜钩上悬着大红撒花软帘，南窗下是炕，炕上大红毡条，靠东边板壁立着一个锁子锦靠背与一个引枕，铺着金心绿闪缎大坐褥，旁边有雕漆痰盒。

（曹雪芹《红楼梦》第六回）

Granny Liu at once lifted her grandson off the kang and led him into the hall. After some whispered advice from Mrs. Zhou she followed her slowly into Xifeng's room.

A soft scarlet flowered portiere hung from brass hooks over the door, and the kang below the south window was spread with scarlet rug. Against the wooden partition on the east were a back-rest and bolster of brocade with chain designs next to glossy satin mattress with a golden centre. Beside them stood a silver spittoon.

可以看出，原文中出现了很多富有中国特色的室内陈设，这些对于英语读者而言都是十分陌生的。为了便于读者理解原文含义，并了解中国特色文化，译者采用了释义法，对原文室内陈设进行了翻译。再如：

贾芸连正眼也不敢看，连忙答应了。又进一道碧纱橱，只见小小一张填漆床上，悬着大红销金撒花帐子。

（曹雪芹《红楼梦》第二十六回）

Assenting without venturing to look at them, he stepped into a chamber screened with green gauze. On a small inlaid lacquer bed there with red curtains embroidered in gold…

（杨宪益、戴乃迭 译）

（二）意译

当两种文化之间存在巨大差异时多采用意译的翻译方法，将原文的大意翻译出来即可。例如：

这里薛姨妈和宝钗进园来瞧宝玉，到了怡红院中，只见抱厦里外回廊上许多丫鬟老婆站着，便知贾母等都在这里。

（曹雪芹《红楼梦》第三十五回）

When Aunt Xue and Baochai reached Happy Red Court to inquire after Baoyu, they knew from the throng of maids and nurses on the verandah that the Lady Dowager and others must be there.

原文中的“抱厦里外回廊”是富有中国特色的一种建筑形式，因英汉文化的差异，这种建筑形式很难直译给英语读者，在形式与含义之间，译者选择了准确传达原文含义，将其意译为 the verandah，以便于读者理解。

她一下来，鸿渐先闻着刚才没闻到的香味，发现她不但换了衣服，并且脸上都加了修饰。苏小姐领他到六角小亭子里，两人靠栏杆坐了。

（钱钟书《围城》）

When she came down, he caught a fresh whiff of a fragrance he had not smelled a moment ago and noted that she not only had changed her clothes but had also put on some make-up. She led him into a small hexagonal pavilion; they sat down against the railing.

（珍妮·凯利、茅国权 译）

“六角小亭子”是中国十分常见而且富有特色的建筑，译者采用意译法，将其译为 a small hexagonal pavilion，便于读者理解其含义。

总体而言，翻译的最终目的是促进交际的进行、文化的沟通，因此在具体翻译实践中译者需要注意将建筑文化体现在译文之中，使读者获得建筑与翻译文化的双重享受。要想达到这一点并非易事，译者需要具有扎实的翻译常识，同时还需要了解英汉建筑文化的相关知识。

参考文献

[1]白靖宇.文化与翻译(修订版)[M].北京:中国社会科学出版社,2010.

[2]白玉德.中国传统文化新编[M].武汉:华中理工大学出版社,1996.

[3]蔡基刚.英汉词汇对比研究[M].上海:复旦大学出版社,2008.

[4]陈宏薇,李亚丹.新编汉英翻译教程[M].上海:上海外语教育出版社,2004.

[5]陈坤林,何强.中西文化比较[M].北京:国防工业出版社,2012.

[6]成昭伟,周丽红.英语语言文化导论[M].北京:国防工业出版社,2011.

[7]辞海编辑委员会.辞海[M].上海:上海辞书出版社,1989.

[8]高华丽.翻译教学研究:理论与实践[M].杭州:浙江大学出版社,2008.

[9]高名凯,石安石.语言学概论[M].上海:中华书局,1963.

[10]郭富强.汉英翻译理论与实践[M].北京:机械工业出版社,2009.

[11]何远秀.英汉常用修辞格对比研究[M].成都:西南交通大学出版社,2011.

[12]黄成洲,刘丽芸.英汉翻译技巧[M].西安:西北工业大学出版社,2008.

[13]黄勇.英汉语言文化比较[M].西安:西北工业大学出版社,2007.

[14]蒋童,钟厚涛.英语修辞与翻译[M].北京:首都师范大学出版社,2008.

[15]兰萍.英汉文化互译教程[M].北京:中国人民大学出版社,2010.

[16]蓝纯.修辞学:理论与实践[M].北京:外语教学与研究出版社,2010.

[17]蓝纯.语言学概论[M].北京:外语教学与研究出版社,2009.

[18]李建军,盛卓立.英汉语言对比与翻译[M].武汉:武汉大学出版社,2014.

[19]李建军.文化翻译论[M].上海:复旦大学出版社,2010.

[20]李建军.新编英汉翻译[M].上海:东华大学出版社,2004.

[21]李清华.医学英语实用翻译教程[M].上海:上海世界图书出版公司,2012.

[22]李信.中西方文化比较概论[M].北京:航空工业出版社,2010.

[23]李翼宏.英语常用修辞入门[M].上海:世界图书出版公司,2000.

[24]连淑能.英汉对比研究[M].北京:高等教育出版社,2010.

[25]廖美珍.语言学教程(修订版)精读精解[M].成都:西南交通大学出版社,2009.

[26]列宁.论民族自决权[M].北京:人民出版社,1916.

[27]刘军平.西方翻译理论通史[M].武汉:武汉大学出版社,2009.

[28]刘宓庆.现代翻译理论[M].南昌:江西教育出版社,1990.

[29]刘全福.英汉语言比较与翻译[M].北京:高等教育出版社,2011.

[30]刘瑞琴，韩淑芹，张红.英汉委婉语对比与翻译[M].银川：宁夏人民出版社，2010.

[31]刘月.中国建筑美学比较论纲[M].上海：复旦大学出版社，2008.

[32]卢红梅.华夏文化与汉英翻译(第二部)[M].武汉：武汉大学出版社，2008.

[33]卢红梅.华夏文化与汉英翻译[M].武汉：武汉大学出版社，2006.

[34]卢思社.翻译学教程[M].北京：北京师范大学出版社，2011.

[35]吕煦.实用英语修辞[M].北京：清华大学出版社，2004.

[36]冒国安.实用英汉对比教程[M].重庆：重庆大学出版社，2004.

[37]邵志洪.英汉对比翻译导论[M].上海：华东理工大学出版社，2010.

[38]斯大林.马克思主义与语言学问题[M].北京：人民出版社，1953.

[39]宿荣江.文化与翻译[M].北京：中国社会出版社，2009.

[40]汪德华.中国与英美国家习俗文化比较[M].杭州：浙江大学出版社，2011.

[41]王力.中国现代语法[M].上海：上海教育出版社，1943.

[42]王武兴.英汉语言对比与翻译[M].北京：北京大学出版社，2003.

[43]王希杰.语言是什么？[M].上海：上海教育出版社，1983.

[44]王祥云.中西方传统文化比较[M].郑州：河南人民出版社，2006.

[45]吴叔尉，胡晓.英汉语言对比与翻译[M].北京：中国书籍出版社，2014.

[46]武锐.翻译理论探索[M].南京：东南大学出版社，2010.

[47]徐通锵.语言论——语义型语言的结构原理和研究方法[M].长春:东北师范大学出版社,1997.

[48]徐行言.中西文化比较[M].北京:北京大学出版社,2004.

[49]许慎.说文解字[M].北京:中华书局,1963.

[50]闫文培.全球化语境下的中西文化及语言对比[M].北京:科学出版社,2007.

[51]严明.大学英语翻译教学理论与实践[M].长春:吉林出版集团有限责任公司,2009.

[52]杨丰宁.英汉语言比较与翻译[M].天津:天津大学出版社,2006.

[53]杨贤玉.英汉翻译概论[M].武汉:中国地质大学出版社,2010.

[54]殷莉,韩晓玲.英汉习语与民俗文化对比[M].北京:北京大学出版社,2007.

[55]曾庆茂.英语修辞鉴赏与写作[M].上海:同济大学出版社,2007.

[56]张今.文学翻译原理[M].开封:河南大学出版社,1997.

[57]张全.全球化语境下的跨文化翻译研究[M].昆明:云南大学出版社,2010.

[58]赵元任.语言问题[M].台北:台湾商务印书馆,1968.

[59]郑春苗.中西文化比较研究[M].北京:北京语言出版社,1994.

[60]钟书能.英汉翻译技巧[M].北京:对外经济贸易大学出版社,2010.

[61]庄智象.我国翻译专业建设:问题与对策[M].上海:上海外语教育出版社,2007.

[62]曹广涛.中西思维模式差异本源研究[J].内蒙古农业大学学报,2011,(3).

[63]丁婵婵.饮食文化与汉语国际推广[J].金田,2012,

(10).

[64]董娌楠.《京华烟云》中婚丧文化的异化翻译[J].辽宁工业大学学报,2013,(3).

[65]高星海.中西方思维方式之差异[J].学习与探索,2006,(4).

[66]郭晓军.汉英颜色词的翻译方法[J].中国电力教育,2010,(S1).

[67]郝丹萍.从巴斯奈特“文化翻译观”的角度看诗歌翻译[J].科技信息,2011,(16).

[68]何芸,高永刚,黄波.浅析文化差异与英语写作[J].高等教育研究学报,2005,(3).

[69]侯素琴.马丁·路德与现代德语[J].上海理工大学学报(社会科学版),2006,(2).

[70]季羡林,许钧.翻译之为用大矣哉[J].译林,1998,(4).

[71]蒋德红.整体思维与分析思维——谈中西方语言与文化的比较[J].沈阳教育学院学报,2001,(3).

[72]蒋桂芳.试论文化的属性与功能[J].郑州大学学报(哲学社会科学版),2012,(6).

[73]况新华,曾剑平.语言与文化的关系述要[J].南昌航空工业学院学报,1999,(1).

[74]李丽,高宪礼.文化视角下影响译者翻译策略选择取向的因素[J].齐齐哈尔大学学报,2007,(3).

[75]李小园.英语数词习语的翻译[J].长春教育学院学报,2011,(3).

[76]李晓燕.新平花腰傣婚俗文化英译中的文化休克现象与翻译对策研究[J].英语广场,2015,(11).

[77]连淑能.论中西思维方式[J].外语与外语教学,2002,(2).

[78]梁艳红.中国饮食文化翻译初探[J].文学界,2011,(7).

[79]廖海娟.文化视角中的英汉翻译[J].湖南科技学院学

报,2010,(3).

[80]林燕.马丁·路德的宗教改革对德意志民族特性的影响[J].山西师范大学学报(社会科学版),2003,(1).

[81]刘永谋,赵俊海.逻辑实证主义与逻辑经验主义的差别探微[J].辽宁工业大学学报,2012,(6).

[82]刘泽江.整体思维方式对中国传统文化的影响[J].沙洲职业工学院学报,2010,(1).

[83]马登龙,张曦,马晓理.中西方文化背景下的思维差异[J].甘肃广播电视大学学报,2010,(2).

[84]毛训毅.谈文化翻译的误区及解决措施[J].黑龙江史志,2014,(1).

[85]曲秀全.古代中国整体思维模式探究[J].系统科学学报,2014,(3).

[86]阮倩倩,黄万武.从文化内涵看英汉颜色词的翻译[J].科教文汇,2011,(12).

[87]沈炜艳.《红楼梦》中贾宝玉服饰英译之误译举例[J].翻译实践,2012,(270).

[88]王芙蓉.浅论英汉颜色词的翻译[J].科技信息,2008,(34).

[89]王菊娥.中国传统婚俗文化及汉英翻译方法探析[J].新丝路,2016,(4).

[90]王珍珍.中西方婚姻文化差异及其原因探究[J].理论研讨,2014,(48).

[91]温洪瑞.英汉数字符号系统及其文化涵义对比研究[J].山东大学学报,2003,(3).

[92]乌日汉.从文化翻译论看《黄金史纲》中婚姻类词汇的翻译[J].艺术品鉴,2015,(7).

[93]吴涛.浅谈西奥多·萨瓦里的翻译理论[J].名作欣赏,2012,(24).

[94]席晓.浅谈中西方婚礼文化异同[J].科教文汇,2008,

(8).

[95]萧俊朗.文化的语境与渊源——文化概念解读之一[J].国外社会科学,1999,(3).

[96]徐华,周晓阳.论文化的基本特征[J].南华大学学报(社会科学版),2012,(4).

[97]徐小明.中西文化思维模式差异及成因探析[J].学科教育,2004,(8).

[98]徐艳丽.接受美学视角下的文学作品翻译[J].短篇小说(原创版),2015,(5).

[99]许国璋.语言的定义、功能、起源[J].外语教学与研究,1986,(2).

[100]郁青青.从饮食文化差异分析奥运菜单的翻译方法[J].连云港师范高等专科学校学报,2009,(2).

[101]曾淑萍.中西思维模式对二语写作语篇模式的影响[J].辽宁科技学院学报,2010,(4).

[102]曾文雄.对翻译研究"文化转向"的反思[J].外语研究,2006,(3).

[103]张爱琳,张爱文.论英汉思维方式差异[J].重庆大学学报,2002,(5).

[104]张慧琴,徐珺.《红楼梦》服饰文化英译策略探索[J].中国翻译,2014,(2).

[105]张仁颖.论马丁·路德对德国文化的影响[J].德国研究,2002,(2).

[106]张怡玲.简析英汉数字文化内涵的异同[J].大学英语,2006,(2).

[107]赵雯,陈达.饮食文化视角下的川菜菜名翻译研究[J].成都纺织高等专科学校学报,2014,(2).

[108]郑立敏.翻译的文化性透视[J].牡丹江大学学报,2014,(10).

[109]郑林.中西科学思维形式比较(上)——整体思维与形

式思维[J]. 安徽警官职业学院学报,2011,(2).

[110]邹少先. 文化翻译的基本概念和手法[J]. 科技资讯,2008,(1).

[111]Benveniste, Emile. *Problems in General Linguistics*[M]. Coral Gables: University of Miami Press, 1966.

[112]Bolinger, Dwight & Donald A. Sears. *Aspects of Language*[M]. New York: Harcourt Bruce Jovanovich Inc., 1981.

[113]Davus, Linell. *Doing Culture-Cross-Cultural Communication in Action* [M]. Beijing: Foreign Language Teaching and Research Press, 2004.

[114]Edwin Gentzler. *Contemporary Translation Theories*[M]. London: Routledge Inc., 1993.

[115]Hans-Georg Gadamer. *Truth and Method*[M]. London: Sheed and Ward Ltd., 1975.

[116]Lewis, M. M. *Infant Speech: a Study of the Beginnings of Language*[M]. London: Kegan Paul, 1936.

[117]Muller, Friendrich Max. Lectures on the Science of Language[A]. *The Origin of Language*[C]. Roy Harris. Bristol: Thoemmes Press, 1861.

[118]Samovar, L. & Porter, R. *Communication between Cultures*[M]. Belmont, CA: Wadsworth Publishing Company, 1995.

[119]Schleicher, A. *Die Darwinische Theorie und die Sprachwissenschaft*[M]. London: Hotten, 1863.

[120]Tylor, Edward Burnett. *Primitive Culture*[M]. Beijing: The Chinese Press, 1990.

[121]Venuti, Lawrence. *The Translation Studies Reader*[M]. New York: Routledge, 2000.

[122]Whitney, W. D. Nature and Origin of Language[A]. *The Origin of Language*[C]. Bristol: Thoemmes Press, 1875.